人間関係の
悩みがなくなる
期待
しない
習慣

エグゼクティブ・コーチ
林健太郎

朝日新聞出版

「期待はあらゆる苦悩の源である」

――ウィリアム・シェークスピア――

はじめに

人は「期待」してしまう生き物

あなたは日頃、思い通りに動かない人や自分の考えとは全く違うことをする人に、イライラ、モヤモヤしていませんか？

それ、すべて期待のしすぎが原因だったんです。

ビジネスリーダーの能力開発を専門とする私の元には、毎日たくさんの課長・部長などのリーダーが相談にやってきます。その相談の中で最も多く扱われる話題は、自分に対する評価の結果に関することです。そして、リーダーたちはこんなセリフを口にします。

「もう少し、評価してもらえると思ったのに……」

自分としては精一杯やっている仕事に対して、もう少し好意的な評価や、応援する姿勢があってもいいのに、といった「期待」は多くのリーダーが誰にも言えず密かに感じている

「心の声」だったりします。

そして、リーダーだけではなく、社会生活を送る私たちは、先に挙げた人事考課のようなわかりやすい期待のほかにも、こんな期待をしながら毎日を生きています。


「あの人はちゃんとやってくれると思ったのに」

「予定通りに進むと思ったのに」

「この店なら売っていると思ったのに」


こんな言葉を聞いて、皆さんにも思い浮かぶ「期待」はありませんか？


つい先日、わが家でもこんなことがありました。

妻と久しぶりに外出したときのこと。「帰ったら一緒に食べよう」と、以前から気になっていた老舗の和菓子屋さんで水ようかんを購入しました。しかし、思いのほか帰りが遅くなったので、「もうすぐ夕食だから、夜、子どもたちが寝てから食べよう」ということになったのです。

さて、その夜。水ようかんを楽しみにしていた私が、「子どもたちも寝たから、そろそろ食べようか」と告げると、妻から衝撃のひと言が……。

「あっ、もう、歯を磨いちゃった」

そこには「せっかく一緒にホッとできる時間を過ごそうと思ったのに……」となんとも言えないがっかりした気持ちになっている自分がいました。

こうやって文字にしてあらためて書き起こしてみると、とても些細なことで、読者の皆さんからすればきっとどうでもいい日常のことだと思うのですが、私としては強く記憶に残る瞬間でした。

皆さんにも、そんな期待のすれ違いの経験があるのではないでしょうか。

人は誰でも毎日、小さな期待を積み上げて生きている。

そして、多くの場合、その期待を「裏切られる」ことを繰り返しながら生きていると言えるのかもしれません。

「期待をしない」で生きることは不可能である

では期待さえしなければ、裏切られることもイライラすることもなくなるのか、と考えた皆さん。

本書のタイトルは『期待しない習慣』です。

そう、「習慣」なんです。「期待をするな！」と厳しく思考を律することが目的の本ではありません。結論から言えば、修行を積んだ高僧でもないかぎり、どんなに練習して習慣づけようが、「全く期待をしないで生きていくこと」は不可能なんです。

私は本書で「期待しないで生きていきましょう」などと訴えるつもりはありません。そうではなく、**「期待しすぎない習慣」をつけることで、「期待とうまくつき合う方法」を学んでいただきたい**と考えています。

それが本書の狙いであり、タイトルの意味です。

まだ私が20代のころ、仕事で中央アフリカ共和国を訪問したときのこと。

空港で次の目的地であるパリに行くため、エア・アフリカを予約したのですが、出発時刻を1時間過ぎても、2時間過ぎてもやってきません。

飛行機が説明もなく時刻通りに来ないなんて日本では考えられないことです。間違いなく、搭乗手続きのカウンターにお客さまたちが列を成すことでしょう。

しかし、このとき一緒の飛行機に乗るはずのアフリカの人たちは、怒る様子もなく、すっかり暗くなった夜空を見上げ「今日はもう来ないかな」「明日には来るだろ」とのんきなことを言いながら、次々に空港をあとにするではありませんか。

その姿を見て、私は思いました。

「あっ、この人たちは、日本人と**「期待とのつき合い方」**が違うんだ」

そもそも、交通機関が時間通りに運行されることが当たり前の日本人とは、交通機関への「期待のレベル」というか、**「期待のハードルの高さ」**が違っている。

一事が万事で、おそらく彼らは、さまざまなことに対して「期待外れ」は日常的に起きることである、と考えている。

だから、期待を裏切られても、すぐに気分を切り替えることができるし、がっかりもしないのだと分析しました。表現を変えれば、「期待との距離の置き方」がうまいのです。

「期待しないこと」は無理なことだとしても、この事例のように「期待外れ」にどう対処するかということについては、工夫のしようがあります。つまり、「どのようにすれば期待とうまくつき合えるだろうか？」を考えるのが生きていく知恵なのではないかと思うのです。

『自力本願的な生き方』のススメ

本書では、相手に過剰に期待して振り回されてしまうような生き方を『他力本願的な生き方』と定義し、相手への適度な期待の仕方を学び、期待と仲良く生きることを『自力本願的な生き方』と呼ぶことにします。

期待しない練習をすることによって、この「自力本願のマインド」が鍛えられれば、人生が「自分主体」で動くようになるのです。

また、「期待とのつき合い方」を学ぶことは、そのまま、円滑な人間関係の在り方を学ぶことにもなります。なぜなら、私たちが抱く期待の多くは、人間同士の関係性の中において起こるものだからです。

もし私たちが、日々誰にも会わず、1人で自給自足生活を送っているとすれば、そこまで期待に対して思い悩む日々を過ごすことはないのかもしれません。

明日は晴れてほしいとか、植えた野菜がたくさん実ってほしい、そんな、単純な生存欲求に基づく期待ばかりではないでしょうか。

これに対して、現代社会において私たちが抱く期待は、その多く（感覚としては9割近く）が、人間関係に根ざしています。

ですから、「期待とのつき合い方」について学び、適切な期待の仕方をできるようになることは、人間関係を円滑にすることにつながり、結果的に自分の人生をハッピーな方向に導くことになるのです。

そして、『自力本願的な生き方』や、よりいい人間関係の構築につながり、ＱＯＬ（生活の質）を高め、人生の幸福感を高めることになることは間違いありません。

本書が、あなたの「期待とのつき合い方」を変え、人生の質を上げることに貢献できることを「期待して」います。

林 健太郎

CONTENTS

はじめに
人は「期待」してしまう生き物 …… 4

CHAPTER 1

人間関係の悩みは「期待しすぎ」が原因

「期待」は止められない衝動である …… 22
私たちは一日に何千回と期待している …… 27
なぜ「期待しすぎ」るのか …… 32
貢献欲求という宝物 …… 37
期待の反対は〝無関心〟 …… 40
見返りを求めるのが「要求」 …… 45
「期待すること」は関係づくりの基本 …… 48

CHAPTER 2

どうして期待は叶わないのか

「わかってくれない！」のはあなたが伝えていないから疑惑……54
ハイコンテクストのワナ……56
期待は「定量情報」で伝える……60
期待の表現方法は4段階……66
溜め込まず吐き出して……72
「お互いにハッピー」がゴール……76
期待と論破を混ぜない……81
期待しすぎはほどほどに……85

CHAPTER 3

人に期待しすぎない練習

初級編

「人は他人に興味がない」ことを知る …… 90

期待は25％しか伝わらない …… 95

ハイドリーム・ミドルドリーム・ロードリーム …… 101

推し活をお手本に …… 109

「応えてくれたらラッキー」と考える …… 112

期待の出力を変えてみる …… 115

中級編

言葉を額面通りに受け取らない …… 120

相手の事情を想像する …… 126

約束を人質にしない …… 131

「やらない」のには理由がある …… 135

そもそも期待は叶わないのを前提に …… 139

上級編

「全部うまくいってない」と思い込まない …… 143

見えない期待の存在に気づく …… 150

他人の期待を勝手に生み出さない……153

CHAPTER 4

期待をすり合わせる会話術&期待に依存しないためのセルフケア

期待に依存してしまう人の口ぐせ……160
「期待値をコントロール」する習慣で自分をご機嫌に保つ……164
「過剰に期待しないためのセルフトーク」6選……167
「期待をすり合わせる」ための会話術1 職場の上司編……174
・ファジー（曖昧）な情報を避けて具体的に伝える
・期待がしっかり伝わったかを確認する
・「指示」と「任せる」部分を明確にする
・期待が噛み合わなかったときは「How might we…?」
「期待をすり合わせる」ための会話術2 職場の部下編……183
・相手の期待を特定する
「期待をすり合わせる」ための会話術3 夫婦編……188
・未来志向で考える

・日頃から、小さな期待のすり合わせを
大切にする

「期待をすり合わせる」ための会話術4 親子編 …… 193
・「上から目線」ではなく、「私たち目線」で
親の真意を聞き出す

「期待をすり合わせる」ための会話術5 友人編 …… 199
・期待をわかった気にならない

「期待をすり合わせる」ための会話術6 恋愛編 …… 201
・相手の言葉を否定しない
・デートでの期待のすり合わせは
「チェックイン」「チェックアウト」で
・期待を確認しないのも
選択肢のひとつと考える

期待をかけていることを効果的に伝える方法 …… 208

期待を裏切られたときの対処法 …… 210

期待しすぎた自分を癒すセルフケア …… 215

CHAPTER 5 期待を使った、よりいい人間関係のつくりかた

期待外れは関係づくりのスタートライン！ …… 226

プロのコーチが、最初のコーチングで行っていること 228
関係構築は、「まず聞くこと」から 232
中立の相槌を意識する 234
相手が話しやすくなる合いの手の言葉 236
「それ知ってる」は禁句 238
会話はポジティブに終わらせる 241
時にはハードランディングな会話を楽しむ 243
ながらで期待はすり合わない 246
期待してもらえる喜びを力に変えよう 248
おわりに
互いに期待し合い、応援し合う世界に！ 252

CHAPTER 1

人間関係の悩みは「期待しすぎ」が原因

イライラ、モヤモヤの原因は「期待」、
と言われてもいまいちピンと
こないかもしれません。身に覚えがないくらい、
期待は自然に起きているもの。
第１章では、ふだんどのように私たちが
期待に翻弄されているのか、明らかにします。

「期待」は止められない衝動である

私たちが日常的にしている「期待」という行為は私たちに何をもたらしているのか。

本書を手に取ってくださった読者の皆さんは、きっとそんな漠然とした疑問を持っているのではないでしょうか。

第1章では、期待しない習慣について学ぶ前に、「期待」とは何か、つまり「期待の正体」について一緒に考えていきましょう。

どうして、私たちは誰かに期待を抱き、そしてその期待が叶わないことにがっかりするのに、期待をやめられないのでしょうか？

そんな「なぜ」を深掘りしてまいります。

まず初めに私たちが知っておきたい事実は、「期待する」というのは人間の本能的

な衝動のひとつであるということ。

つまり、期待は理性的な思考というよりは、なぜかわからないけれど湧き上がってくる感覚のひとつで、基本的には理性でコントロールできるものではありません。

そして、その衝動により、私たちは、とってもワクワクしたり、期待が叶わず悲しい気持ちになったりと、プラス・マイナス両方の感情を感じたりしています。

これもとても珍しいことで、感情をプラスにもマイナスにも揺さぶるという厄介な特性を持っているのが期待だったりします。

「期待」と聞いて、あなたはどんなイメージを持ちますか？

私が本書を書くにあたり、仲のいい知人に「今度の本は期待がテーマなんだよね」と伝えると、たいてい「あ〜、期待ね〜、あるある、ついつい期待しすぎちゃうんだよね」と口を揃えて言います。

どうやら、「期待」には、「期待しすぎてしまう」というお困りごとや「期待外れ」を不安に思うイメージが強いようです。言い換えると、多くの人が、期待とのつき合い方に何らかの悩みを抱えながら生きている。

もしかすると、私たちは、「期待」という衝動の取り扱い方を知らないまま、歳を重ねている、と言ったら少し言葉が過ぎるでしょうか？

ここでひとつ大切なことをお伝えするのですが、私たちの「期待」とのおつき合いには、２つのパターンが存在します。

ひとつは「期待をかける側」で、もうひとつは「期待される側」です。

「期待をかける側」では、「これだけ期待したのに、なんで？」という言葉が思い浮かんだり、「期待される側」では「いやいや、勝手にそんな期待をされても困ります」といった言葉が思い浮かんだりしますよね。

そんな二役をいったりきたりして、私たちの関係性はできていたりします。

私の著書の中に『否定しない習慣』（フォレスト出版）という本があるのですが、執筆の過程で多くの知人に、記憶に残る「否定された瞬間」についてインタビューをしたことがありました。

その中で、「『早く孫の顔が見たい』と義理の母から言われることが辛い」というコメントをくださった方が何人かいました。

義理の母の方からすれば、言った瞬間に忘れ去ってしまうような、些細な言葉だったのかもしれません。言い換えれば、「淡い期待」でしょうか。

しかし、受け取った側としては、「なんで子どものことを言われなきゃいけないの？　だいだいこっちの事情を全然わかってないでしょ！」と怒り心頭なところかもしれません。これは、相手に否定されたと感じるメカニズムでもありますが、その裏には期待という衝動も生まれています。

それは、「そういう無神経なことを言わないでほしい」という勝手な期待。ただこの願いは、相手にわざわざ言葉にすることなく、心の中で増殖し続ける期待として、長く記憶に残り続けます。

つまり、私たちは「期待の被害者」にもなれば、時に立場が逆転して、「期待の加害者」にもなっているということなのです。

そんな「一人二役」を平然と演じきる私たちは、もしかしたら期待という存在に日々振り回されているのかもしれませんね。

なぜかモヤッとするとき、その気持ちの中には相手に対する期待の衝動がひそんでいることを覚えておきましょう。

私たちは一日に何千回と期待している

人間は1日に3万5000回もの「意思決定」をしているという話を聞いたことがあります。

「そろそろ起きようかな」「朝ごはんはパンを食べよう」「今日はコートを着て行こう」など、行動の一つひとつは意思決定によるものですから、たしかにそれくらいの数になるのも納得できます。

では、私たちは1日の中で何回ぐらい「期待」という衝動を経験するのでしょうか？

これには残念ながら、わかりやすい調査結果が存在しませんので、私の知人にある日の「期待」を細かくリストにしてもらいました。ぜひ目を通してみてください。

「今日、晴れてほしい」

「親にＬＩＮＥのメッセージに反応してほしい」

「あまり寒く（暑く）ならないでほしい」

「電車（バス）が遅れないでほしい」

「電車（バス）が混雑せず、席に座りたい」

「ドアの前に立ってる人、どいてほしい」

「出勤前に行くカフェで気になっている店員さんと話してみたい」

「遅刻したくない」

「残高が足りなくてＩＣカードのチャージの仕方を駅員さんに聞いたとき、ナイスな対応をしてほしい」

「会議が早く終わってほしい」

「誰かランチに誘ってほしい」

「自分の提案、取締役に褒めてもらえたらいいな」

「お客さまへのプレゼンテーションがうまくいきますように」

「リモート会議の回線がつながらない！　ＩＴの人、早く直して〜」

「オンライン会議の相手がなかなかこない……。無事顔を見せてほしい」

「お昼は、あの店で食べたい」


午前中の期待を抜粋しただけでも、こんなに出てきました。

さらに、別の休日には、こんな期待も。


「友だちとゆっくり話したいから、店員さん、静かな席に通してくれるといいな」

「誰にも道を聞かずに、目的地まで到着したいのよね」

「ダメだ、迷った……。道を尋ねようとしている警察官、親切だったらいいな」

「予約した○○ですと店員さんに伝えたら、えっ？という顔をされた……。予約がちゃんと入っててほしい」

「買いたい商品が、お店に品揃えされていてほしい」

「楽しい1日になってほしい」

「家族に喜んでもらいたい」

ほかには、こんな期待もあるとのこと。

「出した手紙はちゃんと先方に届く」など、公共機関への期待。

「高級店なのだから、ちゃんとした接客をしてくれる」など、高い支払いへの見返りに対する期待。

さらに、無意識レベルの期待もあるようです。

「健康でいたい」

「病気にかかりたくない」

「事故にあいたくない」

「地震などの災害が起こらないでほしい」

こうやってあげてみると、1日における期待は、相当な数になりそうです。

人は、望むと望まざるとにかかわらず、「期待と共存しながら生きている存在」なのです。

また、知人はこんなことも言っていました。

「考えてみると、強い期待は、自分がアクションを起こし、人とコミュニケーションを取ることによって生まれるのだということがわかりました」

そう、私たちの「期待」の先には、必ず誰か自分以外の「人」が存在するのです。

なぜ「期待しすぎ」るのか

そう考えると、「期待」と「対人関係」は切っても切り離せない関係のように思えてきます。

人と人との関係性の育て方について、ここでは少し考えてみましょう。

私がコーチングを提供しているお客さまに、あるメーカーの財務部長をされている方がいます。財務部には、担当業務ごとに5つの課があり、それぞれの課には課長がいるのですが、ある日のコーチングセッションで、部長さんからこんな相談を受けました。

「林さん、実は5人の課長のうちの1人が、こちらの期待したパフォーマンスをしてくれなくて困っているんです」

お話を詳しく伺っていくと、その課長さんは半年前に人事異動で他の部署から来た方で、課長職をやるのは今回が初めてだそうです。ただ、意気込みだけはあるものの、チームメンバーに仕事を任せるコミュニケーションがあまり上手くいかず、メンバーから部長に直接苦情や相談が寄せられているとのこと。

実際の業務遂行も滞りがちで、指摘すると「すみません、すぐに改善します」とだけボソッと言ったまま、あとは口ごもってしまうので困っている、というご相談でした。

「私は期待しすぎなんですかね？　ちょっと課長に求めているレベルには達していないし、メンバーからも苦情が出ているので、早めに降格させたほうがいいかなと思い始めています」

そこで私から、「そんなふうに感じてるんですね。ちなみに、何の制約もなかったとしたら、どうしたいですか？」と問いかけてみると、その方、間髪入れずにこう答えてくれました。

「そりゃ、せっかく仕事をする仲間になったんだから、一緒に何か一つのことを達成して、その喜びを分かち合いたいですよね」

理想的な関係について考えている部長さんの表情は、固く厳しいものから、徐々に優しい眼差しに変化していったのが印象的でした。

そして、コーチングの最後ではこんなことも話されていました。

「私、効率優先で物事を考えていましたが、話をしている中で、この課長さんも薄々上手くいっていないことはわかっているだろうし、いろいろ不安に感じているかもしれないと気づきました。きっとこの仕事に精一杯取り組んでいるだろうし、一緒に成功したいという気持ちを持ってやってくれていることは日々のやり取りから伝わってきますしね」

これは、期待の根底には相手と共存したいという「願い」がある、という一例です。

このように、私たちは期待を持つとき、その心の奥底で、「つながりたい」という願いや、「協力して何かを実現したい」といった感情、あるいは「共にハッピーになりたい」という夢を描いていたりするのではないでしょうか。

期待はポジティブ思考だから起きる

期待を制するものは人生を制する。

これは私が勝手に作った造語ですが、本書をお読みの皆さんは、ぜひ「期待」に大きな「期待」を寄せてください！（笑）

ChatGPTによると、チベット仏教の最高指導者であるダライ・ラマは「期待は、人々を繋げる見えない糸のようなものだ」と言っています。

また、革新的な起業家として航空や宇宙事業など多岐にわたり成功を収めているヴァージン・グループ創設者のリチャード・ブランソンは、「人に期待し信頼を置くことで、その関係は新たなレベルに達する」という言葉を残しているそうです。

期待は私たちの心模様を晴天にしたり曇天にしたりする厄介な存在でもありながら、

それを上手に使うと、大切な相手との間に強い信頼関係を生むこともできるという側面も持っているということ、少し想像し始めていただけたでしょうか。

人は「相手への願いがあるから期待する」。

あなたの「期待」の奥底に眠る「願い」はどんなものでしょうか？
本書を読み進めながら、この問いを時々考えてみてください。

さて。期待の正体が「相手に対する願い」だとすると、少なくともそれはポジティブな思考ということになります。
共通の目標に向かって、「より良くしたい」であったり、「ともに成長したい」とか、「仲良くなりたい」とか、「関係性を継続していきたい」とか……。**期待の中には、何かしらのポジティブな願いが含まれている**のです。

貢献欲求という宝物

きっとここまでお読みいただくと、「期待するのも悪くない」と感じ始めているのではないかと思うのですが、ここで「貢献欲求」のお話をさせてください。

「貢献欲求」とは、相手の期待（願い）に応えたいと思う心のことだと捉えてください。そして、**私たちは誰しも「相手の期待に応えたい」という欲求を持っています。**

相手の期待（願い）に応えたい……。

先日、そんな「貢献欲求」の原点を見るような体験がありました。

東北旅行に行った際、自宅へのお土産として買ってきた南部せんべいを家族で食べていたときのこと。

その南部せんべいは、1枚ずつ袋に入っていたので、食べていると袋ゴミがたくさん出ます。すると5歳になる長男が、何も言われていないのに、自分からゴミ箱を担いできて、「はーい」と言うと、みんなのまん中に置いたのです。

私が「どうして、ゴミ箱を持ってこようと思ったの？」と聞くと、こんな回答が。

「だって、必要かなと思って」

ゴミ箱を持ってくることで、みんなの役に立ちたかったというのです。

ゴミ箱がほしいという、家族の暗黙の期待を察して、みんなが喜んでくれると思って、自分から行動を起こしたわけです。

これが、「期待に応えたいという貢献欲求」の原点です。

親バカかもしれませんが、「わずか5歳でも貢献欲求があるんだ」と、新たな洞察が生まれた瞬間でした。

こんな長男の事例をお伝えすると、「子どもは無邪気に表現できていいよな」なんて思った方もいらっしゃるかもしれません。

それは確かに、おっしゃる通りで、大人の社会はより複雑ですよね。良かれと思ってゴミ箱を出したのに、いらない、と言われたりするかもしれない……。

そんなこと言われたらどうしよう……。

心が傷ついちゃうかもしれないから……。

うん、言わないでおこう……。

これは、私たちが本能的に抱く「貢献欲求」と、「理性」との間で起きる、頭の中の葛藤というか、自分会議です。

「貢献したい！」と本能では思いながらも、これまでの経験値が邪魔して行動するのを躊躇する。もしかしたら、これは「発達」ではなく、「退化」なのかもしれません。

どのようにすれば、貢献欲求を適切に出し、人の期待に応えることができるのか、本書で考えていきましょう。

期待の反対は〝無関心〟

「こんな結果になるんだったら、最初から期待しなければよかった」

あなたはこの気持ちになったりしたことはありませんか？

そして、こんな心ない言葉を誰かに伝えてしまった経験、きっと誰しも人生に一度や二度はあるのではないでしょうか？（私はそんな回数ではなく、もっと多いのですが……）

これも、私たち人間の期待に関する特徴のひとつだったりします。

なぜか相手に期待しすぎてしまうのです。それも、無意識に。

ここ、どうにかならないものだろうか。

そんな論調で書かせていただくと、きっと読者の皆さんは、「あぁ、やっぱり期待っていうのは厄介な存在だな」とか、「期待なんてするだけ損」といったことを思い浮かべるのではないかと思うのですが、それは大いなる誤解です。

「期待すること」は決して悪いことではありません。

大いに期待して進んでいきましょう。

なぜ私がそんなことを言うのか。

それには、理由があります。

「期待」の反対は「無関心」だからです。

例えば、会社で上司から、「君にはいっさい期待していないよ」と言われたらどう感じますか？

あまりいい気はしないですよね。

あるいは、あなたが気にしている異性から、「あなたのことは特になんとも思っていない」なんて言われたらどう思いますか？

こちらも、とてもガッカリするのではないかと思います。

これ、「逃避」という行為にあたり、簡単な言葉で表すと、相手を無視する態度だといえます。

裏を返せば**私たちは相手に関心があるから、期待をする**のです。

「頑張れよ」

「期待してるよ」

「君ならやってくれると思ってる」

「最高の時間が過ごせると思うんだよね」

こんな言葉は愛情表現であり、これからも関係性を深めていきたいという意思表示。

ぜひ、臆せず、大切な相手への期待を表現していきたいものです。

余談ですが、こんな言葉を最近インターネットで見つけました。

「アメリカには、仲の悪い夫婦がいない。なぜか？　仲が悪くなったら、すぐに離婚してしまうから」

仲良しでお互いが大切だと思っている夫婦は続いていくし、相手に対して無関心な夫婦は関係を終わらせる、ということを表しているのですが、さすがアメリカの皆さんはこういう意思決定に迷いがないなと思ったりしました。

かたや日本では、仲は良くないが、結婚生活は継続している、という夫婦関係が少なからずあるのではないかと思います。

つまり、無関心だけど、関係性は継続している。

結婚生活だけではなく、私たちの暮らしの中には、無関心だけど、関係性は継続している、ということ、実は多くあると思います。

もしかしたら、そこに私たちの期待にまつわる苦悩があったりするのかもしれません。

こんな関係性にも期待を上手に活用することによって、不仲が解決したり、より笑っている時間が増えていくとしたらどうでしょうか？

きっと悪くない話ではないと思います。

大好きな人とはより仲良く、無関心ではあるが関係が続いている相手とは過ごす時間をより快適にするために、ぜひこれからお伝えする期待にまつわる知恵とツールを活用してみてくださいね。

見返りを求めるのが「要求」

「期待」の類似語を調べてみると、希望や要求といった言葉が出てきます。

ＣｈａｔＧＰＴに「期待」と「要求」の違いを尋ねてみたところ、こんな回答を得ることができました。

期待（きたい）

期待とは、ある結果や行動に対して、自分が望む未来や成果を自然に思い描くことです。相手が特に約束していなくても、「こうしてくれたらいいな」と思う心情が含まれます。期待は基本的に一方的なものであり、相手に対して自分の希望を押し付けるわけではありません。

例：親が子どもに対して「勉強をがんばってくれるだろう」と期待する。
ポイント：相手がその期待に応えるかどうかは不確定で、期待する側の気持ちに依存します。

要求（ようきゅう）

要求は、相手に対して具体的に何かをするように強く求めることを意味します。これは期待とは異なり、相手に対して明確に「こうしてほしい」とお願いしたり、強制したりする行動です。要求は明示的であり、応じるかどうかによって対処が変わります。

例：仕事で上司が部下に「このプロジェクトを来週までに完成させてください」と要求する。
ポイント：要求は相手がその要求に応えることが前提とされるため、応じない場合には何らかの結果（ペナルティや再要求など）が発生することがあります。

違いのまとめ

期待は、相手に行動を望んでいるが、それが実現するかは分からない心情的なもの。

要求は、相手に具体的な行動を強く求め、実際にそれを実行してもらうための明確な依頼や指示。

この説明を私の方でもう少し咀嚼《そしゃく》すると、**要求は、相手に対して明確なリクエストや依頼をすることで、その見返りや対価を求めること**なんだと考えています。

つまり、こちらのほしいものが手に入るか、入らないのかが論点になってくる。少し意地悪に書けば**「損得勘定」**がその根底にあるのではと考察します。

かたや、**期待は、より「願い」に近いもので、相手と私、それぞれの幸せを願うことから発生するもの**である、と考えます。つまり、Ｗｉｎ－Ｗｉｎの関係を模索していくのが期待なのです。

「期待すること」は関係づくりの基本

第1章では、人間関係の悩みは期待が原因だったこと、なぜ私たちは期待をしてしまうのか、ということについて様々な視点からお話をしてきました。

この章の最後に、私がコーチングを提供しているリーダーについて書かせてください。

この方は外資系のＩＴ企業にお勤めの経営幹部で、高い目標に向かって多くの部下の協力を得ながらチーム運営をして、毎日、メンバーからの相談を受けたり、悩みを解決するお手伝いをされています。

その方が、少し神妙な面持ちで、「林さん、私は何度も部下に期待を裏切られています。もう期待はしないほうがいいんでしょうか？」と聞いてきました。

私はこんな返答をしてみました。

「そんなことを考えたのですね！　実はとっても残念なお話があるんですが……。期待しないというのは物理的に無理なんです」

「えっ、そうなんですか？」

「はい。というのは……、○○さんがそう言葉にした時点で、理想像を持ったということなのでもう脳内では部下に期待しちゃっているんです。すでにご飯を食べてしまったあとで、『ダイエットのために食べないほうがいいでしょうか』と言っているようなものです」

笑い話のような話ですが、これ、実話です。

そして、こうやって文字にして読んでみれば、きっと「確かにそうだよな」とお思いになると思います。

これは、私たちが外的刺激を受け入れて、脳が認識するまでの一連のプロセスと関連しているのですが、期待はあらかじめ「感じないように制御する」ことができない衝動だと覚えておいても損はないのです。

そして、**人はお互いに、期待し合い、共存を願って生きているのですから、何度も**

お伝えしているように、「全く期待しないこと」はできないのです。

それに、「期待する」ことは、必ずしも悪いことではないこともすでにお伝えしましたね。実際、何も期待しない人生なんて味気ないでしょう。

あらためてお伝えします。私が本書でお伝えしたいこと。それは……。

期待とうまくおつき合いできれば、人間関係がよくなること！

多くの期待は裏切られるもの。だったら、期待が裏切られたときこそ、予想外の展開を楽しみ、期待を力に変えて未来につなげたい。

期待がうまく伝わらなかったときこそ、相手との関係を深めるチャンスにしたい。

第2章では、「期待とうまくつき合うために知っておきたいこと」について、お話ししたいと思います。

CHAPTER 1 まとめ

- 期待は衝動的に起きる。
- 期待には「する側」「される側」の二役がある。
- 期待は一日に何千回もしている。
- 期待の正体は、相手に対する「願い」であり、「共存したいと思う心」である。
- 人から期待されたとき、心の中にその願いに応えようという「貢献欲求」が生まれる。
- 期待をうまく使えれば人間関係もよくなる。

CHAPTER 2

どうして期待は叶わないのか

「期待」がいい人間関係づくりに必要なのは
わかったけれど、
期待をしても外れてばかりな気がする。
それはあなたの期待の伝え方に
問題があるのかもしれません。
伝え方の失敗例を分析し、解決法を伝授します。

「わかってくれない！」のはあなたが伝えていないから疑惑

当たり前かもしれませんが、自分が考えていることは、心の中で思ったり、表情や態度で「ほのめかしたり」することではなく、口に出さないと、相手には正確に伝わりません。

それは、例えば親子や夫婦のようなとても近い関係でもしかりです。

これは、ある夫婦の事例です。

この夫婦は、週末に郊外のアウトレットモールに出かけて、一緒に買い物をするのが共通の趣味というか、楽しみのひとつです。この日も、行きつけのアウトレットモールに出かけ、奥さんがお気に入りのお店で洋服を選び始めました。

奥さんはお店で気に入った服を見つけると、いちいち旦那さんに、「この服、どうかな？」と聞いていきます。

それに対して旦那さんは、女性のファッションなんて全くわからないので、「ちょっとピンとこないな」とか、スマホを見ながら「それいつものサイズと違うけどいいの？」とか、適当な返事ばかりしていました。

すると、奥さんの口数がだんだん減ってきて、そのうち不機嫌になり、すっかり拗《す》ねて「もう、帰る」と言い出してしまいました。

つまり旦那さんは奥さんの「一緒に楽しく話しながら買い物をしたい」という「期待」に気づかなかったのです。奥さんが期待を伝えさえすればきっと旦那さんは、「あ、そうだったの？　じゃ、話をしながら楽しく買い物しようか」と乗り気になってくれたのかもしれません。

期待というものも「察してもらえる」とは限りません。本当に期待を叶えたければ、あなた自身が言葉で伝えることで、その成功確率が上がるのです。

自分の気持ちを相手に伝えることに遠慮は無用。恥ずかしがることもありません。自分の期待は、相手に伝えなければ何も始まらないと心得ましょう。

ハイコンテクストのワナ

〝期待が叶わないのは、そもそも伝えていないから疑惑〟の話を続けます。

日本語には、「すべてを言わなくても意味が通じる」という特徴があります。

例えば、人に贈り物をするときに「つまらないものですが」と言いながら渡す、という習慣が日本人にはあります。

この言葉は「つまらないものとお思いになるかもしれませんが、あなたのことを考えて、きっと気にいるだろうと思って用意してきました。喜んでくれると嬉しいです」というのが端折《はしょ》らない文章だと思っています。

それを日本ならではのセンスで「全部言わなくても、ニュアンスで伝わるでしょ？それに相手の感情を先回りして伝えるのは失礼でしょ？」と端折っているのではないでしょうか。

また、食事のときの、「この料理、ちょっと塩っけが足りないね」という言葉も、その心は『ちょっとお塩を取ってくれない？』だったりするのが、日本語の美しさだと個人的に思っています。

このような、**直接的に伝えなくても、暗黙の了解で相手が察してくれるようなコミュニケーションのことを「ハイコンテクスト」**と呼びます。コンテクストとは、「背景」「状況」「文脈」「場面」などの意味を持つ単語で、ハイコンテクストとは、同じ文化を共有していることを背景に、「すべて言わなくてもわかるよね」と言葉を省略するコミュニケーションを意味します。

いっぽう、アメリカのように、多民族が交わり、異文化間コミュニケーションが普通の国では、そうはいきません。

「この料理、ちょっと塩っけが足りないね」と言っても、「へえ、そうなんだ。あなたはそう感じるんだね」という返事が返ってくるだけ（笑）。

「もう少し塩をかけたらもっとおいしくなると思うんだけど……」と言っても、「そうだね。それはグッドアイデアだね」でおしまい。

塩がほしいなら「塩がほしいので、取ってもらえる？」と言わなければ相手に伝わりません。このような、共有性が低くて、すべてを説明しなければ求めていることが伝わらないようなコミュニケーションを「ローコンテクスト」と呼びます。

また、欧米では、必ずといってよいほど、「お互いが何を期待しているのかを確認し合う文化」があります。

アメリカ人同士の間では、「What is your expectation?（あなたは何を期待しているの？）」という会話が日常的に行われるのです。

「あなたは私に何を期待しているの？」なんて、日本人同士ではほぼ交わされることがない会話です。それが、多民族が一緒に暮らす欧米においては、こういう会話をしないと、お互いの期待を共通認識にすることができないのですね。

余談ですが、私が高校生の時アメリカに留学した当初は、学校や家庭生活の中で出会う人々のコミュニケーションがあまりにもローコンテクストで、「いちいち」全てを語り合うので「もう少し空気を読めないものか……」と内心思っていたりしました。

その結果、私の中に根付いていたハイコンテクスト思考が排除されて、相手にわかるように伝えるというローコンテクストなコミュニケーションが身についたのです。

これに慣れると、むしろアメリカ人的な「端折らない」ローコンテクストの会話の方が、最終的にお互いの理解の齟齬《そご》がなく、楽だなと感じるようになりました。暗黙の了解を相手に求めるハイコンテクストは、察する側の負担が大きくて疲れるように感じ始めたのもそのころです。

なお、誤解のないようにつけ加えると、アメリカ人でも、長年連れ添った夫婦関係など、深く長い関係性ができれば、お互いに察し合うこともももちろんありますので、これは単純に国民性の違いだけではなく、それぞれの関係の中で培われていくコミュニケーションのスタイルでもあります。

多様化が進む今、「全部言わなくてもわかる」は過去の遺物になり始めています。「相手に正しく伝わるように具体的に伝える」というローコンテクストなコミュニケーションが主流になっていく日も近いのではないでしょうか。

そうなると期待を伝え合うのも楽になるかもしれませんね。

期待は「定量情報」で伝える

いや、期待を言葉で相手に伝えているのにうまくいっていないと思うあなた。
伝え方は大丈夫ですか？

「頑張ってね！」

期待を表現する代表的なフレーズのひとつに「頑張ってね！」という言葉があります。

例えば、運動会に出かける子どもに親がかけたり、会社で管理職に抜擢された部下に上司がかけたり、病気で入院している親戚に見舞いに行った時にかけたり。
そんな経験、きっと皆さんにもあるはずです。

この「頑張ってね！」という言葉、少し前の時代だったら、受け取った本人も「応援されているから、頑張らなきゃいけない」と気を張って物事に臨む、そして、その期待になんとか応えたいと頑張る、みたいな光景がたくさんありました。

それが、現代では、

「頑張れって、何を頑張ったらいいんですか？」
「いや、そういうのプレッシャーなのでいらないです」

と反論されることも多くなりました。

確かに、私のことで置き換えると、例えば、「本の執筆、頑張ってくださいね！楽しみにしてます」と知人に言われたとしても、正直問題、何を頑張ったらいいのか、あまりよくわからないまま、「ありがとうございます」なんて受け答えをしている時は、意外と多いもの。

この**「頑張って」という言葉は、いわゆる「定性情報」に分類される言葉**です。

人によっては夜も寝ずに執筆するのが「頑張る」ですし、今日も1行新しい文章を書くことができた！も「頑張る」になります。

つまり、言葉は同じでも、人の解釈に「幅」がある、というのが定性情報。

かたや、11時30分に上り電車が来る、とか、だいたいの缶ビールは350㎖か500㎖とか、そういった数値で測れる情報のことを「定量情報」と呼びます。


そして、たいていの期待は「定性情報」で伝えてしまっている場合がほとんど。

そのため、「頑張って」の解釈が、声をかける側とかけられる側で全く異なることがあるのです。

私は社会人デビューしたてのころに、コワモテの先輩から「丸いものを丸く伝えるのが仕事だ」と教わったことがあります。

これはつまり、伝えたいことは、相手に正確に理解されるような言葉の選び方をしなさいという教えでした。

はたして、私たちが相手に伝える「期待値」は、狙い通りに相手に伝わっているのでしょうか。丸いものが三角に変換されて伝わっていないでしょうか？

例えば、職場で上司から部下に対して、「今日も頑張ってね」と伝えたとします。きっと上司の中では、何を頑張ってほしいのかという、「定量情報」を持ちながらも、「昨日の夕方の会議でやるべきタスクは事細かく伝えたから、今日あらためて言わなくてもわかっているだろう」という推測をした。

そのため伝えた言葉が結果的に「定性情報」になってしまった。

これを「昨日の会議で話したことだけど、○月○日までに売上目標を達成するために、○社への企画のプレゼンテーションは任せたよ、頑張ってね」と具体性を高め、定量化して伝えれば、相手が別の推測をするというリスクを排除することができるので、結果的に「丸いものが丸く伝わる」が実現するのです。

私がコーチングをしていても、多くのリーダーは「言わなくてもわかるだろう」と言葉を端折る傾向があるのですが、リーダーシップの中で大きなリスクになり得るので、口すっぱく「端折らず丁寧な言葉選び」をするように指導しています。

こういった丁寧な説明を怠ると、**期待の解釈が、する側とされる側で異なってしまいかねません。**

このように、「定性情報」を具体的に「定量化」することを私は「キャリブレーション」と呼んでいます。簡単に言うと、ベクトル合わせ、というか、期待値合わせのことですね。

この**キャリブレーションによって、期待が、「お互いの願い」へと調整できるのです。**

ぜひ相手に期待を告げるときは、常に、「今の期待の伝え方は、相手とキャリブレーションできているか？」と自問自答して意識するといいでしょう。

この考え方はビジネスの世界だけでなく、普段の生活でも有効です。

子どもに「散らかしたおもちゃをキレイに片付けなさい」と言うだけでは定性情報の願いです。これだと、子どもは部屋の隅っこに全部のおもちゃを寄せ集めるだけしかやらないかもしれません。

「床の上にあるおもちゃを、ご飯の前におもちゃ箱の中に全部しまってくれると嬉しいな」

こう伝えることで、定性情報の願いが定量化され、キャリブレーションされます。

「言わなくてもわかるだろう」が期待が叶わないことへの入り口。

自分が相手にしてほしいことと、相手に伝わるメッセージを合わせていくような、丁寧な言葉選びが必要なのです。

期待の表現方法は4段階

さて、ここからは、「期待の伝え方の段階」についてお話ししていきたいと思います。

先ほどの夫婦での買い物の話もそうですが、言葉で期待を伝えないと、相手には正確に届かない、ということ、ご理解いただけたと思います。

とはいえ、闇雲に**「要求を突きつける」ような言葉遣いでは、相手から拒絶されるだけ**ですので、ここで活用したいのは、異文化間コミュニケーションの知恵。

異文化間コミュニケーションには、発達段階という考え方があります。簡単に説明すると、お互いの異なる好みを受け入れながら、共に成長していくためのコミュニケーション方法は、後天的に学ぶことができる、ということ。

これを本書では4つの発達段階として解説していきますので、あなたは今、どの段階にいるかを考えながら読み進めてください。そして、なるべく段階を上げられるように意識してみてください。

少し事例を単純にするために、子どもが買い物のときに「おもちゃを買ってもらう」という期待をいかに表現するかを例に、解説していきますね。

【発達段階1】 期待や欲求をストレートに表現する。

自分の期待は叶って当然と考えて、期待をそのまま伝えるのがこの発達段階です。子どもの発信に例えれば、「このおもちゃがほしい！ 買って！」というストレートなものとなります。自分の欲求をシンプルに伝えるだけなので、これが、もっとも未発達な状態とも言えますし、「期待」と「要求」がごちゃ混ぜな状態とも言えます。

相手は当然自分の期待を受け取って、その期待を叶えてくれる、と無条件に信じる傾向があるのもこの段階の特徴です。

上司部下の関係であれば、例えば部下が上司に「この稟議書《りんぎしょ》、今日ハンコを押してもらわないとお客さまに迷惑をかけてしまうので、お願いします！」と伝えただけで、書類を上司に一方的に手渡して自分の席に戻ってしまうようなイメージです。

【発達段階2】　選択を二極化して迫る。

「これ買ってくれなきゃ、帰らない」

発達段階が第2段階に差し掛かるとこんな言葉を使いがちです。

先ほどの第1段階とは異なり、言いっぱなしではなく、相手から返答を求めるのが第2段階です。

そして、この言葉の裏には「買ってくれるか帰らないか、さあ、どっちにする？」と、期待を極端に二極化して、選択を迫るという思考が働いています。

より極端に言うと「買ってくれる人はいい人」、「買ってくれない人は悪い人」といった極端な「決めつけ」が起きるのも第2段階の特徴です。

先ほどの上司部下の関係であれば、「この稟議書、お客さまをお待たせしているので、すぐにハンコを押してもらわないと困るんですけど、今お願いできますか？　それとも今ムリでしたら、私、お客さまに謝りに行った方がいいですか？」と答えを迫るイメージです。

【発達段階3】 物分かりがよすぎてあきらめる。

「おもちゃを買ってもらいたいけど、どうせ買ってくれないよね」と考えて、最初からあきらめてしまうというモードです。発信の仕方は、「買ってほしいけど、無理だよね」とか、あるいは、無駄だと思って何も言わない、でしょうか。

これは第2段階を何度も経験して初めて到達する発達段階で、「こちらの要求を伝えても、どうせ叶わない」という経験からくる推測が働いている状態です。そして、頭では理解しつつも、感情的には、相手の「買ってあげる」という言葉を期待しているところが複雑なところ。「この繊細な心模様をわかってよ！」と内心叫んでいる状態かもしれませんね。

この「内心では期待していながら、あきらめモードに入っている」というのは、「一見、期待していないように見えるけれど、内心はあきらめきっていない」という、言わば、自分をだましているような状態です。

先ほどの上司部下の関係であれば、「この稟議書……今日ハンコ欲しいんですけど……お忙しそうですし無理……ですよね〜」と何も言わず、自分の中で留めてしまうイメージです。

【発達段階4】　お互いがハッピーになるように期待を伝える。

発信の仕方は、「おもちゃ買って」ではなく、「このおもちゃを買ってくれたら、すごく嬉しいんだけど、どう思う?」「このおもちゃ、ずっと欲しかったんだよね。このおもちゃを買うことでどんなメリットがあるか一緒に考えない?」などでしょうか。ただ単に期待を伝えるだけではなく、相手への気遣いを持って、お互いがハッピーになれることを意識して伝える。これが、「期待の発信の仕方」の第4段階のモードです。

先ほどの上司部下の関係であれば、「この稟議書、お客さまのためにも早めに稟議書にハンコをいただきたいのですがいかがですか? お忙しい中、急にお願いして申し訳ないのですが、部署全体のメリットにもなりそうな施策なので優先していただけると嬉しいです」と自分の要求だけではなく、先を見据えた話もできるイメージです。

「期待をすること」と、「期待を相手に伝えること」は、似ていますが全く次元が異なります。

私たちは、相手に伝えてもいない期待について、勝手に期待して、勝手にがっかりしていることがとても多いのではないでしょうか。

繰り返しになりますがあなたが言葉で伝えなければ、相手は、あなたが期待していることにすら気づいてくれません。

期待は表情や仕草でなく、言葉で相手に伝えましょう。

そして、伝えるときは、前述の４つの「期待の発信の仕方」を意識して、自分がどの段階にいるのかを客観的に観察する癖をつけると、コミュニケーションがうまくいきやすくなると覚えておいてください。

溜め込まず吐き出して

昔、ある老舗の中華料理店で、70過ぎに見える年配の男性客が、若い店員さんに怒りをぶつけている場面を目撃したことがあります。

どうやら、その方がオーダーした料理がいつまで経っても運ばれてこなくて、ずっと黙って待っていたけれど、とうとう大爆発してしまったようなのです。

その方は、店内中に響くような大声で、こんなことを言っていました。

「私はもう、この店に40年以上も通っている。それなのに、こんな待たされたのは初めてだ。今すぐに料理を持ってこないのなら、この店とのつき合いも今日で最後だ！」

これ、はたから冷静に見れば、ただの単純なオーダー漏れです。

ひと言、店員さんに「どうも、私のオーダーが漏れているようなのですが」と伝えれば済んだ話かもしれません。

それなのに、「自分は長年通っている大常連客だから最上の扱いを受けて当然」という勘違いの期待が大きくなると、冷静な判断ができなくなってしまって、なんの悪意もないであろう店員さんに怒りをぶつけるようなことをしてしまうのです。

こんな振る舞いをしてしまえば、自分の大切な居場所を自ら無くしてしまうようなものですね。**期待値を勝手に上げて冷静さを欠く**……気をつけたいものです。

相手には相手の都合があります。

もしかしたら店員さん、その日はとっても忙しかったのかもしれません。

あるいは、入院している家族との面会時間が近づいていて焦っていた、といった外見からはわからない事情もあったのかもしれません。

これらは全て推測ですが、**相手の心に余裕のない状態の時、あなたが期待していることを察して先回りするのは特に難しい**のです。

ここで考えたいのは**期待を「募らせる」行為**について。

これは風船をイメージしていただくと分かりやすいかもしれません。相手にかける期待は、風船に息を吹きかけ空気を入れるイメージ。一回の期待は、息を一回吹いて風船に空気を入れるイメージです。

風船の中には、少しだけ空気が溜まります。

そして、風船を押さえている指を離せば、空気は外に出ていくと思うのですが、これは「相手に期待を伝える」という行為。

一回の期待で溜まった空気を、「言葉」として吐き出すようなイメージですね。

先ほどの中華料理店の常連さんであれば、注文を入れてからしばらくして、「あれ、私の注文した料理はまだかな？　早く来ないかな」と期待をしたと思うのです。その1回目の期待の時に、「注文した料理はまだですか？」と店員さんに聞くことができれば、店員さんも「あ、少しお待ちくださいね」と確認ができたのではないでしょうか。

これができれば、期待は早いうちに叶えられます。

しかし、ここで我慢して、「早く料理を持ってきてほしい。わかっているよね？」

と期待値を上げるのは、風船をもう一息膨らませる行為。

相手に何も伝えないまま、どんどん期待値を上げることは、風船をより大きく膨らませることなのです。

そして、最終的にパンパンに膨らんだ風船は、ついに割れてしまいます。

こんなことになる前に、自分の期待で膨らんだ風船の空気を抜く。

つまり、**期待は溜め込まずに、こまめに、そしてなるべく早いタイミングで言葉にして吐き出し、状況や相手の意向を確認する。**

そうすれば、**「大きな期待外れ」はある程度回避することができる**のです。

「お互いにハッピー」がゴール

私がかつて、某玩具会社に勤務していたときの話です。

当時、仕事の関係で香港に出張する機会がしばしばありました。

そのとき、現地で働いている仲間から、よくこんなことを言われていました。

「香港の露天商などで買い物をするときは、ぜったいに店に表示されている定価や相手の言い値で買っちゃだめですよ。相手は値切られることを前提にして、高い値段を提示していますから」

そういう予備知識があったので、実際に露天商などで買い物をするときは、こんな会話になりました。

「おばちゃん、この時計いくら?」

「30ドルだよ」

「あっそう。じゃあ、いらない」
「ちょっと、ちょっと、それじゃ27ドルでいいよ」
「その値段なら、いらないなぁ」
「ちょっと待って。じゃあ、特別に26ドルにしようか」
「いらない。12ドルなら買ってもいいけど」
「そこまで安くできないよ。25ドルならどうだい？」

と、そんなやり取りを長々とやって、ようやくお互いの妥協点を見つけて、買って帰る。それで、あとから冷静に考えると20分間値引き交渉をして、50円安くなっただけだったとか……。「交渉に使った時間を返してくれ〜」ですよね。

交渉の労力や実際の値引き金額の少なさを考えれば、どう考えても、定価や言い値でさっさと買ってしまうほうが効率的です。

では、この交渉時間は何だったのか？

私は、これは**「期待のすり合わせのための時間」**だったのではないかと思っています。

定価で買うのは簡単です。

「これいくら?」

「○○円だよ」

「じゃそれで」

と話を進めれば、ものの数分で取引終了です。

それを、品物の価値よりも高い値で買うのは悔しいから、値切って買いたいという買い主と、少しくらい値切られても、儲かる金額なら買ってもらいたいと考える売り主との間に「期待の違い」があるからこそ、話し合いが始まるわけです。


そうやって、少しくらい時間をかけても、双方が納得する妥協点を見つけることができれば、お互いがハッピーになれます。交渉の20分間は、「お互いがハッピーになる土壌をつくるための時間」だったとも言えます。

最終的には、買いたいものを手に入れられお互い仲良くなって、笑顔で別れる、という経験を香港ではたくさんしました。

この「お互いにハッピーになる」ということ(英語ではmutual benefit:相互利

益）が、**期待のすり合わせでは、もっとも重要な要素**となります。

香港の露天商で学んだことをもうひとつ。

それは、この**期待のすり合わせは楽しんでやるもの**だということです。

買う側も売る側も、侃々《かんかん》諤々《がくがく》の価格交渉をしながら、それをどこか楽しんでいるフシがありました。

その証拠に、たとえ顔なじみになっても、「あなたなら、もう○ドルでいいよ」とはなりません。どんなになじみの客でも、商品が変われば、またゼロから価格交渉がスタートします。そして、「この前は○ドル安くなったんだから今回も○ドルは安くなるんでしょ」とか「何があっても○ドルは引いて」みたいな一方的な態度を取ると、売り手は本気で怒ってしまうのです。

おそらく、そういう態度は、値切りの流儀に反するのでしょう。

同じように、「期待のすり合わせ」で、強硬な態度を取るのもルール違反。それはただの命令になってしまいます。

期待のすり合わせは、お互いがハッピーになるために、楽しんで行うものなのです。

期待と論破を混ぜない

突然ですが、台所用の塩素系漂白剤の表示にある『まぜるな危険』という注意書きを見たことはありますか？

塩素系の漂白剤や洗浄剤と、酸性タイプの洗剤や洗浄剤が混ざると、危険な塩素ガスが発生するので注意してください、という意味です。

なぜいきなりこんな話をしたのかというと、**「期待」を人に伝えるときに、混ぜてはいけない言葉回しがある**からです。

題して、「期待に混ぜると関係が壊れる言葉遣い3選！」をお届けしてまいります。

まず、それは何かというと……

やっつけない。

追い込まない。
論破しない。

の3つになります。

言葉としては簡単なので、私が説明しなくてもなんとなく想像はつくと思うのですが、例えば、あなたがとあるチームのリーダーだったとしましょう。信頼する部下に「あの重要な取引先の売上拡大は任せたから」と伝えて見守っていました。そして数ヶ月、業務を任せてみた結果、部下は期待していたような働きをせず、売上は上がるどころか下がる一方で、ここでなんとしても歯止めをかけなくてはいけないという緊迫した状況に陥ったとします。

まず、相手を**「やっつける」会話**とはこんな会話です。

「○○さんには期待していたのに、取り返しのつかない状況になったね。後始末はこちらでやっておくけど、後で始末書を書いて提出しておいてね。それから、このお客さんの担当は来月から△△さんにやってもらうから、君はもう関わらなくてもいいよ」

少し例えは古いですが、テレビドラマの遠山の金さんの桜吹雪のシーンや、水戸黄門が印籠《いんろう》を出すシーンのように、いわゆる「成敗」するのが、このパターンです。

では、**「追い込む」会話**とは、

「○○さんには期待していたのに、取り返しのつかない状況になったね。自分でどう責任取るかを考えて、後でメールを送ってくれる？　まったくもう、こっちの立場も考えてくれよ。どうするんだよ」といったイメージ。

そして**「論破する」**はこんなイメージ。

「○○さんは、元々の戦略が間違っていたと言いたいのかもしれないけれど、なぜ早い段階で修正しなかったの？　問題が分かっていたなら、なぜ何も行動を起こさなかったの？　言い訳が通用するわけがない。プロとしての対応能力が求められていたはずで、この結果はあなたの実力不足でしかない」

この3つの言葉遣いをしてしまうと、相手としては、「申し訳ありません」ぐらいしか言えなくなってしまいます。これでは、事情すら答えてくれなくなるので、避けたい話法であると覚えておきましょう。

私が先日お話しした有名なプロスポーツチームの監督も、怒鳴るとか叱るとか、追い込む言葉で指導をしてもよかったのは昭和の時代の話で、今は通用しなくなってきている、とおっしゃっていました。

プロスポーツの世界でも、そんな対応をリーダーが選んでしまえば、選手は他のチームに流出していく時代だそうです。追い込むような指導では、チームメンバーのモチベーションが下がるだけでなく、重要な戦力を一瞬で失うことにつながる時代になっているのです。

期待は期待単体で伝えることを意識すること、そして人を追い込むような言葉を混ぜないことで、良好な関係を作っていきましょう。

期待しすぎはほどほどに

この章の最後に、何事もやりすぎは良くない、というお話をしたいと思います。

少し期待から話題は離れますが、例えば、運動をすることは生活の質を上げ体にいいことと考えられていますよね。しかし、運動もやりすぎれば、関節に負担がかかり、ケガの原因になることがあります。

あるいは、仕事への責任感。これも、一般的にはいいことのひとつと捉えられますよね。しかし過剰な責任感は、他の人に任せられるタスクも自分で抱え込んでしまうようなことにもつながるかもしれません。その結果、細部にこだわりすぎて時間がかかり、全体の進行が遅れる。最終的には効率が悪化し、周囲との連携も乱れてしまうといった問題が起きることも。

そう考えると、何事も「ほどほど」が大切だと言えますよね。

これは期待も同じです。

人から期待をかけられたとき、その期待は、「よし、期待に応えよう」というポジティブなエネルギーにもなれば、「期待に応えられなかったらどうしよう」というネガティブなプレッシャーになることもある。

これをうっかり忘れると、相手に過度な期待をしたせいでプレッシャーを与え、大切な関係を壊しかねません。反対に自分がされる側になることも。

つまり、「期待」は、プラスの面とマイナスの面が表裏一体だということ。

私たちが誰かに期待したり、誰かから期待の言葉をかけられた時に生じる心の変化のことを、英語では「ストレス」と表現します。

ストレスというと、日本では、「期待されることによるプレッシャー」というようなマイナスの意味に使われることがほとんどですが、実はこの言葉、英語では、「期待されることによる、高揚感やワクワクする思い」というようなプラスの意味でも使われます。

期待に起因する「ストレス」という言葉に、プラスの意味とマイナスの意味の両方が含まれるというのは、実に興味深いですね。

人からの期待は、とらえ方によって自分のプラスにもできれば、マイナスに作用するという特性があることをぜひ覚えておいてください。

そう、何ごとも「やり過ぎ」はいい結果を生まないのです。

ここまで、どうしてあなたの期待が叶っていないのかについて探ってきました。そもそも期待をきちんと言語化できていなかった場合があったり、伝え方が未熟だった可能性が見えてきましたね。次章では、いよいよ人に期待しすぎないコツについて、詳しくお話ししていきます。

CHAPTER 2 まとめ

- わかってもらえないとモヤモヤしたときは、自分が期待を伝えられていないかも？と疑う。
- 暗黙の了解は期待せず、「ローコンテクスト」な表現を意識する。
- 理解してもらいたい期待は定量して伝える。
- 期待は決して溜め込まず、都度吐き出す。
- 期待のすり合わせは楽しんで行う。

CHAPTER 3

人に期待しすぎない練習

根本的に「期待」とうまく
付き合えるようになりたい。
そう感じたなら、まずは期待しないコツを
知ることが大切です。
難易度別にマスターして、
期待に翻弄されない心をつくりましょう。

初級編

「人は他人に興味がない」ことを知る

第3章は「人に期待しすぎない練習」ということで、難易度別に期待しすぎないための考え方のコツをお伝えします。

まず始めに私たちは「自分の期待」に対しては敏感でも、「他人がどんな期待を持って生きているか?」については、ほとんどの人が鈍感……というより、興味がない、という不都合な事実をお伝えしなくてはなりません。

例えば会社で、あなたが有能な部下に大きな期待をかけたとします。

セリフにするなら、「○○さんは本当にこの事業のことを理解して、先回りして動いてくれるよね。来期以降もウチの部のエースとして活躍してほしいし、近い将来、マネジャーとしてひとつのチームを任せようとも思っているんだよね。期待してるよ」といったフレーズになるかもしれません。

これに対して、**部下のほうは、あなたが自分に期待をしているということに、さほど興味がない場合があるのです。**そのため、こんな返答が返ってくることがあります。

「あ、私、あまり昇進とか、肩書きとか興味ないんで、それより、いちスタッフとして働いていた方が気楽なんですよね」

リーダーとしては、まさに「期待外れ」であり、肩透かしな返答だと感じることでしょう。

そして、あなたが言葉に詰まっている間にも、その部下は自分の期待にそぐわない会社だと判断して、転職サイトで次の職場を探し始めるかもしれません。

しかし、冷静に考えれば、部下に悪気はないのも確かです。あなたをおとしめてやろう！と悪意を持って接する部下はそうそういないですし、部下は部下で、その人の人生を精一杯生きているわけです。その中で、あなたからの「期待」はさほど重要ではなかった。そんなボタンの掛け違いは様々な場面で起こるもの。

そしてこれは、会社の上司部下の関係に限りません。それこそ、夫婦や親子の関係でもよくあることです。

そこで、期待とのうまいつき合い方をお話しします。

それは、「自分の相手に対する期待について、相手はあまり興味がない」「相手には相手の事情がある」「そもそも、興味があることが自分とは異なる」という不都合な真実を知っておくことです。

「期待をしてはいけない」と言っているのではありません。「相手は自分の期待にはさほど興味がない」ということを意識したうえで期待するのです。

それだけで、期待とのつき合いは激変します。

HE'S JUST NOT THAT INTO YOU

『そんな彼なら捨てちゃえば？』という映画をご存じですか？

２００９年公開のアメリカのラブコメディー映画です。

この作品の原題は、次のようなものでした。


『HE'S JUST NOT THAT INTO YOU』


直訳すると、「彼はあなたにそれほど興味がない」。

映画の内容に合わせて、少し意訳すれば、「彼はあなたのこと、そんなに好きじゃないかも」でしょうか。

恋愛において、「自分が相手のことをどんなに大好きでも、相手はあなたにさほど興味がないかも……」という、男女のすれ違いの本質をひと言で言い表しているような慣用句をそのままタイトルにしているのですね。ＤＶＤで見たとき、「うまいタイトルを付けるなあ」と感心したものです。

このフレーズ、そのまま期待に置き換えられます。

自分がこんなに好きなんだから、相手も絶対に好意を持ってくれているはず。

それを期待に置き換えれば、こんな感じでしょうか。

「こちらがこんなに期待しているのだから、相手はこの期待についてわかってくれているし、応えてくれるはずだ」

「あー、今、自分は相手に大きな期待をしているな」と思ったら、「He's Just Not That into You.」というフレーズを頭に浮かべて、相手は期待に応えてくれなくて当たり前だと思う。この発想が期待外れにイライラしないコツのひとつです。

期待は25％しか伝わらない

コーチングという対話の手法は、相手の話を丁寧に聞く、いわゆる「傾聴」が根幹となるスキルになるのですが、傾聴スキルをリーダーに教える際に、私が必ずお聞きすることがあります。

それは、**「あなたが部下に伝えた話の内容を100とすると、部下はその何パーセントを覚えているでしょうか？」**という質問です。

リーダーによっては、50％と答える方もいれば、20％と答える方もいるのですが、実際のところは25％前後であることが様々な調査結果からわかってきています。

この話を期待に置き換えてみましょう。

例えば自分が相手に対して抱く「期待値」が100だとして、その期待は相手にどの程度届いているでしょうか？

こちらも同じく4分の1、つまり25%だと想定することができます。

これは私たち人間の短期記憶のメカニズムと連動しているので、どんな人でもその比率はほとんど変わらないと私は考えています。どんなに魅力的な人が相手だろうが、どんなに言葉を尽くそうが、そもそも相手に伝わる期待は25%程度なわけです。

そう考えると、一度言っただけではすべての期待を受け取ってもらえないかもしれない、という仮説が立ちます。**一度期待を伝えると、その「期待値」の25%が相手に受け取られるとすれば、4回期待を伝えてやっと100伝わるのかもしれません**（実際には、そんなに単純ではないかもしれませんが）。

それを知っていれば、「1回言ったからわかるでしょ！」と考えるのは乱暴だということがわかります。

これは私が主宰する研修で、「相手への期待がいかに正確に伝わらないか」を説明するときに、よく例として挙げる話です。

とある休日、奥さんがランチの準備をしている中で、牛乳を買い忘れたことに気づきました。そこで、リビングでテレビを見ていた旦那さんに、「ねぇ、あなた、牛乳買ってきて～」とお願いします。

旦那さんは二つ返事で財布を持ってコンビニへ向かいます。

事件は旦那さんが家に帰ってきた時に勃発します。

旦那さんが買ってきた牛乳を見て、奥さんがため息混じりにこんなことを言います。

「ちょっと、これいつもウチで買っている牛乳のブランドじゃないじゃない！　それに、今日は2本必要だったのよ。これじゃ足りないじゃない！」

先ほどお伝えした話では、**どんなに丁寧に伝えても、相手にはその4分の1程度しか伝わらない**と解説しました。

この夫婦の場合では、奥さんはだいぶ言葉を省略してお願いをしていますし、旦那さんは頼まれたことを一切確認せずに家を出ていますので、お互いの期待値が合わない、つまり期待外れな状態は起こるべくして起きていると考えてもいいと思います。

もう少し丁寧な確認作業があってもよかった事例です。

もうひとつ例を挙げましょう。今度は8歳の私の長女の実例です。

学校の社会の授業で、フィールドワークという、学校の外に出て行って、働いている人たちの話を聞くという授業がありました。その日、長女はクラスを代表して、最寄り駅で駅員さんにインタビューをしたというので、話を聞いてみました。

「今日は駅員さんにインタビューをしてきたんだね。駅員さんにどんなことを聞いたの？」

「う〜ん……。（しばらくの沈黙ののち）わかんない」

「覚えてないの？」

「なんかね……、先生が用意してくれた質問を聞いた。あっ、この駅は1日に何人の人が利用するのかは聞いた」

「へえ、それで、何人が利用していたの？」

「覚えてない……」

私としては、わざわざ聞きに行って、覚えてないの？　と内心思っていました。ところが……。

「ねっ、聞いて聞いて！　電車って、いろんな形のやつがあるけど、うちの駅に停まる電車の種類は1種類しかないんだって！　それでね、その電車には1回で150人が乗れるんだって」

と、そんな話は嬉々として話してくれる。先生が用意した質問の回答は覚えていないのに、自分が興味を持ったことは印象に残ってよく覚えているのです。

子どもに限らず、人は、相手の話の中から、自分が興味を持った部分しか聞いていないし、記憶にも残していないようにできているのです。同じ話を聞いても、同じ映画を観ても、印象に残っているところは人によってさまざまだというのもよくわかります。

人は聞いた話の4分の1しか頭に残らない。
相手は興味がわいた部分しか聞いていない。

これは、相手が「ちゃんと聞いていない」というわけではなく、私たち人間の脳の仕組みによるものであると考えると少し気持ちが楽になりませんか？

「どうしてわかってくれないの？」という争いも避けられるようになるかもしれません。

期待のすれ違いを起こさない対処法自体はいろいろありますので、まずは、「1回話したくらいで、自分の期待が100パーセント相手に伝わることはない」ということを理解しておきましょう。

ハイドリーム・ミドルドリーム・ロードリーム

「ピンポイント」は、とても小さくて正確な場所やことを指す言葉です。例えば、地図の上で「ここ！」と特定の場所を指すと、それが「ピンポイント」です。とても狭い範囲や、ひとつの特定のことを意味します。

一方、「レンジ」は、広がりや幅がある範囲を指す言葉です。特定の一点ではなく、ある程度広がりのある範囲のことです。例えば、「この時間帯に雨が降るかもしれない」とか、「ここからここまでの場所で探してね」といった感じで、ピンポイントよりも広めです。

私はゴルフの万年初心者で、全く上達する見込みがないのですが（笑）、ゴルフの場合、自分の打球を正確に何ヤード先のこの芝の上に打ちたいとピンポイントで場所を指定して打とうとしても、大抵のボールはその目標座標から外れたところに転がって止まります。

つまり、**「ピンポイント」で目標物を設定すると、その期待は叶わない**ということ。

逆に、フェアウェイ上のこの辺りまで飛んでくれたらいいなと、ある程度ボールが飛んでいく場所に幅を持たせてプレイをすれば、ある程度のレンジ内でプレイできたりしますよね。

期待にも、そんな「レンジ」を持たせるといいのではないかというのが私からの提案です。

そして、そのレンジの考え方には、実はフレームワークがあります。

その名も**「ハイドリーム・ミドルドリーム・ロードリーム」**と言います。

ここから詳しく解説していきますが、一言で言うと、**期待は3つのレベルに分けて考えると楽になる、という知恵**です。

順を追って解説しますね。

●ハイドリーム

ハイドリームとは、「こうなったら最高だ！　言うことなし！」という期待値です。もしそれが叶ったら、思わず笑みがこぼれてしまう、とか、高笑いが止まらなくなっちゃうような、最高な期待値を考えるのが「ハイドリーム」です。

これは期待のレンジの中での上限値となります。

●ミドルドリーム

ミドルドリームとは、実現可能性の高い期待値のことを指します。「今の状況を考えると、きっとこのくらいの期待値が妥当かな」という想像ができる期待を指していません。

これは期待のレンジの中のちょうど中間点。確率的にはミドルドリームになる可能性が一番高いでしょう。

●ロードリーム

最後にお伝えするロードリームは「こうなったら最悪だ」という期待外れの結果を想定した期待値です。相手に期待をかける時、なかなか「期待通りにいかない」という想定はしないと思うのですが、どうぞ遠慮なく、「こうなったら最悪だ」というシナリオも考えてみてください。

これは期待のレンジの中での下限点となります。

この3つのレンジの範囲内であれば「期待は叶った」と考えるなら、「期待外れ」に感じる回数は圧倒的に減るのではないかと考えています。

期待とは直接関係ないのですが、このハイドリーム、ミドルドリーム、ロードリームを使って面白い会話をしましたので、皆さんにもシェアしたいと思います。

私が開発した日常会話で使えるコーチング術を教える「コーチング忍者」研修は、全国に店舗を持つ小売店チェーンに採用されることが多いのですが、ある時、導入を検討されている会社の人事部長と打ち合わせをさせていただいた中でも、このお話をしてみました。

その人事部長に私が、「この研修を導入して、1年後にどんなことが実現していたらハッピーですか？」とお聞きしてみました。

すると、「すべての店舗の店長さんがこの研修を受講して、アルバイトやパートのスタッフさんにコーチングを使えるようになることですね。それができるようになったら、コミュニケーションのすれ違いが少なくなってスタッフさんが今より長い期間働いてくれるようになると思うんです。お店の安定運営ということにつながりますね」とのこと。

すべての店長がコーチングを使えるようになるということ自体が意外とハードルの高いことではありますが、行動を一つひとつ積み上げていけば実現する可能性があるのでこれは「ミドルドリーム」です。

このように、**実現可能性の範囲内で期待値を設定するのがミドルドリーム**なんです。

次に私から聞いてみたのは、「1年後、どんなことが実現していたら、高笑いが止まらなくなっちゃいますか？」という問い。

これに対しては、口元をほころばせながら「う〜ん、そうだなぁ、お互いがコーチングを使った会話をすることで、スタッフが夢を語りながらイキイキと働いている状態かな。そして、お店に入ってきたお客さまもそれに影響されてハッピーな気持ちになって帰っていく、みたいなことが起きたら最高ですね。お客さまのハッピーを創るお店になったら嬉しいな」という答えが。そして、その言葉を出した本人が一番驚いていたのが印象的でした。

これが「ハイドリーム」です。普段想像しないような、最上級の期待値のことです。

そして最後に私が聞いたのは「1年後、こうなっていたら最悪だ!を考えるとすると?」という問いかけ。

これに対しては、「導入してみたものの、店長たちからの評判が悪くて途中で打ち切りになっちゃう。そして、経営陣に呼ばれて、『この研修意味あったの? なぜこういう無駄遣いをするんだ!』とお叱りを受けることですかね」と少し悲しい顔。

こうやって、**期待の下限値=「ロードリーム」を知っておくのも大切**なことだと言えます。

多くの人は、自分の期待についてミドルドリームだけを考え、ハイドリームやロードリームについては想像しないことが多いものです。

ハイドリームは叶わないかもしれないけれど、相手と自分との関係の中でどこが期待の上限なのかを知っておくために有効です。そして、ロードリームは逆に想像できる最悪の状態を知っておくことで、期待が叶わなかったときに起きうる最悪の事態に対処できるでしょう。

つまり、期待したことに対して、こんな結果が出る可能性があるという上限と下限を知っておけば、どんな結果が出ても「想定の範囲内」と受け止めることができるようになるのです。

そんな工夫を取り入れてみてはいかがでしょうか？

推し活をお手本に

この項目では「見返り」という言葉について考えてみたいと思います。

私たちの期待における見返りとはなんでしょう？

例えば、ある社員が同僚のために頻繁に手伝いを行ってきたとします。仕事が遅れている同僚の代わりにタスクを引き受けたり、細かい仕事を代わりにやってあげていた。しかし、その同僚から感謝の言葉もなく、逆にさらに手伝いを頼まれるだけで、何の見返りもない。そんな状況を想像してもらうとわかりやすいかもしれません。

あるいは、友人が引っ越しをする際に手伝いを頼まれ、その人のために何時間もかけて荷物を運んだり片付けを手伝った。しかし、後日その友人が自分を手伝ってくれることもなく、感謝の言葉やお礼も一切なかった。

そんな時、「こんなに時間を使って手伝ったのに、何もお礼を言ってもらえないなんて、今すぐ少しでも感謝してほしい」といった感情を抱いたりするのではないでしょうか？

これらの事例は、あなたが提供した時間や労力に対して「なんらかの見返りがほしい」と内心思っている状態です。

「えっ？　期待って、そもそも見返りを求めるものじゃないの？　見返りがゼロなら、もともと期待なんてしないよね」

そう思ったあなた。たしかにおっしゃること、ごもっともです。

会社だって、部下に「成果」という「見返り」を求めるから、「こういうことをやってほしい」と期待をします。

では、本当に相手に対して「見返り」を求めない「期待」は存在するでしょうか。

私は、その代表例は、「推し活」ではないかと考えています。

例えば、ある歌手の大ファンで、ずっと追っかけをやっているようなコアなファン。

その人は、自分が追いかけている歌手からの見返りを期待しているでしょうか？

もちろん、イベントで握手したり、サインをもらったり、そういうことがあれば嬉しいでしょう。でもそんな機会がなくても、ファンをやめることはありません。それこそ、奉仕に近い精神で、その歌手のコンサートに通い、関連グッズにお金をつぎ込みます。そして、その歌手の結婚報道に「〇〇ロス」と落ち込み、たとえスキャンダルがあっても、（本当のファンは）決して推しをやめないのです。

ちょっと言い方が極端かも知れませんが、**「無償の推し活」こそ、「見返りを求めない期待のかけ方」のひとつのお手本**なのではないかと思っています。

「応えてくれたらラッキー」と考える

私の5歳の長男はプールで「じゃぶじゃぶ」するのが大好きです。そして、プールにいる間中、切れ目なく「父ちゃん、ねぇ、見て！」とはしゃぎまくります。その姿は可愛いものの、私がちょっとの間でも目を離すと、「ねぇ、見てって言ってるでしょ！」とクレームを申し立ててくるので、思わず苦笑いという瞬間があります。

正直なところ、私自身は自分が泳ぎたくてプールに出向いていますので、彼の「見てほしい」という期待にすべて応えるわけにはいかなかったりします。

そんな愛らしい事例を挙げつつ、皆さんもそんな誰かの期待に応えたいけれど、なかなかそうもいかない瞬間を経験したことがあるのではないでしょうか。

ちょっと意地悪く言えば、誰だって、相手の期待に応えるためだけに、人生を生きているわけではありませんよね。

「いつも自分の期待に応えてくれるから、あの人はいい人」なんて考えるのはとても危険なことだったりします。そういう『他力本願的な考え方』が人間関係における悪循環に発展し、人生のグリップ感を失うことの始まりになるのです。

では、相手への期待に関しては、どんなスタンスでいるのがいいのか。

私は、こう考えています。

「自分の価値観や優先順位に従って行動している（生きている）相手が、もしも、自分の期待に応えてくれたらそんなラッキーなことはない！」

相手が期待に応えてくれるなんて、「めったにない幸運」くらいに考える。

そういうスタンスでいれば、たとえ、**期待に応えてくれなくても、「まあ、そんなものだよね」と思う**ことができます。

前項で「推し活」の話をしました。推し活をしている人は、好きな有名人や贔屓《ひいき》にしているスポーツチームが、どんなに自分の期待に応えてくれなくても、それによって推しをやめる人はいませんよね（ですよね？）。

少しくらい期待を裏切られても、「ダメなところが可愛い」なんて言って、推し続けます。そして、期待に応えてくれたときは素直に喜ぶ。

知人の阪神タイガースのファンの男性は、「阪神が勝っても負けても飯は食うが、勝った翌日は本当に飯がうまい」と言っていました。まさに、「期待に応えてくれたらラッキー」を体現していますね。

期待の出力を変えてみる

ここまで「推し活」のことを書かせていただきましたが、普段から生活を共にする家族や、仕事で毎日顔を合わせる同僚や上司、部下に同じような気持ちで接するのは、さすがに難しい、と感じた方もいらっしゃると思います。

そんな毎日の関係を効率性という観点で語るならば、「期待に応えてくれない相手に期待し続けるのは無駄」と切り捨てることもできるでしょうが、それはいささか現実的ではありませんよね。

「いやいや林さん、そうは言っても、会社の部下との関係は、簡単には断てないでしょう」

そんな声が聞こえてきそうです。

たしかにその通りです。そんな、自分の意志で関係を切れないような相手にうまく期待を伝える場合は、**「期待の出力の仕方」**を一考してみましょう。

私がコーチングをさせていただいた、ある外資系企業での事例です。

「部下に対してパワハラをしているマネジャーがいるので、コーチングによって、なんとかそれをやめさせてほしい」というのが、会社からの依頼でした。

人事担当の方からは、「マネジャー本人は、自分が部下に対してパワハラをしているという認識がないので、パワハラと言わないように気をつけてください」とのこと(それ自体が少し理不尽なご依頼なようには思いますが……)。

私は、まず、そのマネジャーに、直接話を聞いてみることにしました。

「あなたご自身は、自分のリーダーシップのスタイルについて、どのように認識されていますか?」

そうすると、こんな答えが返ってきました。

「会社からは高い営業目標が設定されているし、私もその目標にコミットしていますから、絶対に達成しようという強い気持ちを持っている。そのために、部下に対しては多少、強く当たっているという部分はないとは言えないと思っています」

ふむふむ。実は、ご本人も「指導の仕方が強い」という認識は持っていたのですね。

そこで私は、**「部下への期待の出力方法」を調整する提案**をしました。

その時の会話を再現してみるとこうなります。

「教えてくださってどうもありがとうございます。これはつまり、伝え方を弱めると解決する、出力の問題ということでしょうか？」（要約）

「たしかに、これは出力の問題ですね。どうしても目標を達成したいと思う気持ちや、部下に成長してほしいという願いから、ついつい言葉の出力が強くなる傾向が、たしかに私にはあると思います」

「そうでしたか。これによってどんな影響がチームに起きていると思いますか？」

「う〜ん、あまり強い言葉を使いすぎると部下たちは圧倒されてしまって萎縮してしまうかもしれませんね。それによって仕事のパフォーマンスが落ちてしまっては逆効果だとは思います」

「そうですよね。これは私からの提案ですが、例えば、**部下への言葉の出力の加減を、今の半分くらいの強さに抑えてみて**はいかがでしょう？」

そう伝えると、「たしかにそうかもしれませんね」と納得してくださいました。そし

て、それ以降は、部下へのアプローチの仕方が変わったようで、会社からも感謝していただくことができました。

相手への期待の度合いというのは、電気のスイッチのように、オンとオフ。つまり、１００かゼロかという極端なものではいけません。

同じ照明でも、ＬＥＤ照明のように、明るさの度合いを自分で調節するイメージが望ましいと言えます。

期待の正体は相手への願い。そして、その願いを相手に伝える手段は「言葉」です。

その言葉が、「失敗は許されないぞ」

「会社の未来はお前の肩にかかっているんだ」など、圧が強すぎるものだと逆効果。今どきはパワハラで訴えられかねません。

相手に期待を伝えるときは、頭にLED照明を浮かべて、「この人にはこれくらいの明るさ（強さ）で伝える」「あの人には……」と、相手によって伝える言葉の強さの度合いを調整することが必要です。

期待の出力はあなたの使う言葉によって、いくらでもコントロールできる。そして、その出力を決めるのはあなた自身、と覚えておきましょう。

中級編

言葉を額面通りに受け取らない

これは、会社でよくある話ですが、例えば上司である部長に部下がこんなことを聞いてきたとします。

「部長、私は来期、課長に昇進できるでしょうか？」

あなたが部長だったとしたら、こんなふうに答えるかもしれません。

「○○さんの今のパフォーマンスだったら、問題ないんじゃないかな。社長もこの前、相当期待していると言っていたから、頑張ってくれよ」

これ、一見、会話として成立しているように見えますよね。

しかし、ちょっとリスキーなんです。

何がリスキーかというと、「課長に昇進できる？」という部下の言葉に対して、上司は「できる・できない」という解決策を伝える受け答えをしています。

これを「ソリューション・モード」と読んでいます。

私たちは、なぜか自動的に、相手の望みに応えたいという衝動に駆られる傾向があるのですが、これをいかに食い止められるかが、知恵の働かせどころです。

「言葉尻を捉える」という言い回しがありますが、これはつい相手の言葉を額面通りに素直に受け取ってしまうクセのことを指しています。

部下は本当に課長になりたかったのでしょうか？

人は第一声で本心を言わずに、なるべく簡単な話題から伝えて、相手の様子を見ながら本題を切り出すことがあります。第一声に本質的なメッセージがあると考えるのは大きな間違いかもしれないのです。

例えば、この会話の中で部下はこんな相談をしたかったとしたらどうでしょうか。

「この会社では、課長になると報酬体系が変わり、残業代が出なくなる。つまり、実質の手取りが減ってしまう。妻からは、家計のやりくりが難しくなるので、今の手取りを確保できる会社への転職を勧められているが、自分としてはできればこの会社で働き続けたい。そこで、どうしたらよいかを信頼する部長に相談したい」

こんな相談が潜んでいることは、部下の第一声からは計り知れませんよね。

ですので、**第一声だけに反応して先回りするのは危険**なのです。

ではどうしたらいいのか？

この解決には、氷山をイメージしてみてください。

氷山は、海上で目視できる白い山の部分の大きさよりも、水面下の見えない部分の体積の方が大きいことがあります。

この会話でいう「第一声」はいわば、海上にでている氷山の一角でしかなく、本当に言いたいことの多くは、海中に眠っている体積の部分にあるのです。

ですので、第一声は「すべての情報ではない」と考え、より重要な海中に眠る情報を取りにいきたいのです。

例えば、先ほどの会話であれば、

「部長、私、来期、課長になれますかね？」
「おお、どうしたの急に。なにかあった？」

先回りせず、話を聞く姿勢を見せる返事をすれば、相手に本当に話したい話題を打ち明けるチャンスを渡せることができるので、「実は……」と切り出し始めてくれるのです。

とはいえ、すべての第一声に対して、「本当に言いたいことは別にある」と想像するのはなかなか難しいですよね。

ここで手がかりになるのが、相手の表情と間合いなんです。

例えば、この部下の場合、「私、課長になれますかね？」という言葉を発した時に、どんな表情をしていたでしょうか？　きっと、浮かない表情、あるいは、笑ってはいない表情を浮かべていたかもしれません。そして、「課長に……なれ……ますかね？」と何となく含みのあるような間合いを作っていなかったでしょうか？

しかし、部長がパソコンやスマホの画面を見ながら、耳だけ傾けていたとしたら、部下の表情に気づけないかもしれません。

つまり、相手の言葉尻だけに気を取られていると、相手の本当に言いたいメッセージを掴み損ねてしまうのです。

私はこの相手の言葉に出さないメッセージに気づく能力を、「異変を感じる能力」と呼んでいます。耳から入る情報だけではなく、五感を駆使して、相手の主張を受け取るような、敏感なアンテナを身につけたいものです。

私が営業マンだった平成の時代には、お客さまの話を伺う時に「話半分」で聞くべし、という先輩からのありがたい?教えがありました。これは、お客さまが伝えてくれる情報を信じすぎると、良い商品やサービスが提供できなくなる。少し相手の言葉を疑うぐらいでちょうどいい、という教えでした。

少し意地悪に聞こえるかもしれませんが、私たちは相手の言葉に対して、謙虚に受け取り過ぎなのかもしれません。

この、「相手の言葉を額面通りに受け取らない」は、「期待しすぎない技術」のひとつのポイントになる考え方になるでしょう。

ちなみに、相談事をしたときにかけられる

「期待してるよ」
「頑張ってね」

といった言葉にプレッシャーを感じている人にも朗報です。
前述の通り、相手はあなたの言葉を額面通りに受け取って、返答しているだけかもしれません。気にしすぎず、時には受け流してしまいましょう。

相手の事情を想像する

会社で管理職をされている方や、スポーツチームのコーチたちが飛び跳ねて喜ぶ言葉は、メンバーからのこんな言葉だったりします。

「○○さんが求めていることはよくわかりました。期待に応えられるように、精一杯、頑張ります！」

こんな日は、夜の晩酌がご機嫌に楽しめることと言ったらありません（あ、これは私の話ですが……）。

そんな嬉しい言葉に酔いしれた翌日、現場に戻ると……

前の日、頑張ると言ってくれた相手が実際にはあまり行動をせず、全く期待に応えてくれなかった、なんて残念な経験をしてガッカリ。

そんな繰り返しが私たちの日常だったりしますよね。

こんなとき、あなただったらどのように考えますか？

「あんなにはっきり約束してくれたのに……」と、落ち込むでしょうか。

私がコーチングをしているリーダーからは部下とのそんなやりとりを嘆きながら、「コミットしたことを全然守ってくれないんですよ」と愚痴をこぼされる方がたくさんおられます。

そんなとき、私はこう伝えるようにしています。


「その人はその人なりに精一杯、最善を尽くしていると考えてみてはいかがでしょうか？」


たとえ、どんなに頑張っても思い通りにならないのが世の中というもの。

いくら上司とコミットしても、なんらかの事情でうまくいかないことなんて日常茶飯事。相手には相手の事情や都合があるのです。

先日、お話を伺ったとあるメーカーのリーダーの方は大きな部署を束ねる部長さんでしたが、課長たちがなかなか経営視点を持って動いてくれないのが目下の悩みです、と教えてくれました。

「彼らは現場経験こそかなり豊富で、本来なら若手のお手本となって活躍してほしいところなんですが、今までやってきたやり方に慣れすぎていて、新しいことになかなかチャレンジしようとしないし、若手の指導にも乗り気ではないんですよね」と。

どうも期待通りの動きをしてもらえないようです。そこで私から、

「その課長さんたちは、わざと○○さんの仕事の邪魔をしたくて、そういう振る舞いをしようとしていると思いますか？」

と伺ったところ、

「そんなことはないと思います」

と即答されました。

よくよく考えてみれば明白なのですが、**誰かの不利益になろう！と能動的に思って働いている人ってほとんどいないと思うのです。**

毎朝、通勤する電車の中で、「今日も上司を困らせてやろう。困っている顔を見てほくそ笑むのが最大の喜びだ」と強く心に決めて出社するような（ある意味、熱心な働き手）はそうそういないはずなのです。逆に、「今日もいい日になるといいな」というポジティブな期待を持って出社する人の方が圧倒的に多い。

そう。悪意を持ってあなたをおとしめようと思っている人はほとんどいない。つまり、相手は持っている力を最大活用して、貢献しようと思っているのです。

それが、あなたの期待にそぐわなかっただけ。

あなたの期待を故意に踏み躙《にじ》るようなことは、ほとんど起きていないのです。

そんなお話をしている中で、そのリーダーは、

「林さん、私、早速今週から、それぞれの課長と話をして、この会社や部署、あるいは、自分の与えられた役割にどんなことを期待しているのか、聞いてみようと思います」

と笑顔で会社に帰っていきました。

なぜ期待に応えないのかを問い詰めることではなく、相手の事情を聞く。

これが、関係性をより良好にしていくための第一歩だと考えています。

相手には相手の事情がある。その事情は何かを尋ねる。

ぜひ試してみてください。

約束を人質にしない

先ほどの項で「話半分」で聞くということ書きましたが、**コミュニケーションのプロ中のプロである我々コーチであっても、つい、相手の言葉を真に受けてしまうことがあります。**

例えば、起業家志望のお客さまにコーチングをしていてこんな会話になったとします。

「林さん、なんか私、エンジンかかってきました！　やろう！　うん、やります！起業に向けて、見込み客のリストを１００名分作ってみます」

と興奮冷めやらぬご様子。

こんな光景を目の当たりにすると、私も勇気をもらいますし、応援したくなります。

「いいですね、そのリスト！　それ、いつころをめどにやりますか？」

「そりゃもう、今すぐやりたいぐらいですけど、今日明日はやることも多いから、3日くらいで完成させます！」

「わかりました！　3日ですね」

こんな熱く話してくださるわけだから、そりゃ当然「やってくれるだろう」と、私の方の期待も大きく膨らんでいきます。

「リストができたら、短いメッセでいいので、教えてほしいな〜」

「もちろんです！」

なんて会話を交わしながら、ものすごい熱量でその部屋を出ていったお客さまですが……。

約束した3日間、待っていても、その方からは何の連絡もありません。1週間も経ったころ、私のほうから連絡を入れてみました。

「この前、お約束した件、その後、いかがですか？」

「えっ？　何の件でしたっけ？」

「何の件って……。ほら、『見込み客のリストを100名分、作成しよう』って約束したじゃありませんか」

「あー、その件ですか。えーと、いつまでにやるって話でしたっけ？」

「3日ぐらいをめどにやるという話でした」

「そうでしたっけ？　ちょっと今、急に忙しくなってしまったんで、まあ、ぼちぼちやりますよ」


喜劇の舞台なら、演者全員が「ズコッ」とこけるような場面ですよね。

そのお客さまは、あんなにやる気満々に見えたのに、すっかり約束を忘れているのです。「頑張ります」と力強く言っていたのも、「まあ、できればやります」くらいまでトーンダウンしてしまいました。

コーチとして伴走する私にしてみれば、「自分が起業するためにやるんじゃないの？」「ちょっといいかげんすぎるんじゃないの？」と腹が立つのは確かなことです。

そこで私が思い出すのは、他人との約束はすぐに忘れてしまうのが当たり前ということです。

おまじないのような言葉ですが、お客さまにとってはコーチングの時間こそが「特殊な時間」で、それが終わったら、溜まったメールに返信をしたり、次の会議の資料を慌てて準備したりという日常が待っている。その中で、コーチングでの会話の優先度が下がることは普通にあることなのです。

私が思う、相手に期待をかけるときの禁句。

それは、「約束したのに」です。「約束」を人質にしてはいけません。

相手が期待に応えてくれなかったときに、「約束したじゃないですか」などと言っている方は要注意。

「口約束では、相手の行動をコントロールすることはできない」と認識しておきましょう。

「やらない」のには理由がある

ひとつ前の項で、たとえ自分の成功のためであっても、人はなかなか約束を守らないという例を紹介しました。ここで少し深読みすると、**人が約束通りにやらないのには、実は「それをやらない理由」が存在することがあります。**

私の長女の事例です。

先生から、「教科書のある部分を音読する」という宿題が出て、父親である私がその音読を確認する役になりました。その音読のときの、長女と私の会話です。

「教科書の同じところを何回も読む意味がわからない」と長女。

「この宿題に意味がないと思うんだね。だったら、明日、教科書の同じところを何度も読む宿題にどんな意味があるのか先生に聞いてみたらどう？」

「……わかった。明日、聞いてみる」

翌日の夜、私は長女に聞きました。

「どう？　なんで教科書の同じ場所を何度も読む宿題を出すのか先生に聞いてみた？」

「ううん、聞かなかった」

「そうなんだ。まあ、聞けない日もあるよね。じゃあ、明日、聞いてみてね」

「……うん」

さらに翌日の夜。

「どう？　今日は先生に聞けた？」

「……聞けなかった……」

「今日も聞けなかったんだ。聞けないのには何か理由があるのかな？」

「聞く勇気が出ない」

こちらは「明日、聞いてみる」という言葉を信じて期待していても、娘としてはいざ、実行しようとするとなかなか勇気が出ない。約束はしたけれど、彼女なりの「できない理由」が出てきてしまったというわけです。

このように、**期待を叶えてくれない相手には、相手なりの「理由」があるかもしれない**のです。

前の項で例にした、「起業するために見込み客のリストを作成する」と約束したお客さまも、「いざ、リストを作ろうとしたら何から手をつけてよいのかが全くわからず作ることを断念してしまった。しかし、できていないことを問い詰められたくなくて、忘れているフリをしてしまった」のかもしれない。

ぜひ、一歩先まで想像するようにしてみてください。

「急に部下が1人辞めて、その対応に時間を取られてしまって……」

「実は突然、異動することになってしまって……」

事情を聞けば、できなかった理由はたくさんあります。

故意に約束を破ろうとするような無礼な人はそうそういないはずです。

ちなみに、長女に「できない理由」を聞いた私は、さらにこう聞きました。

「そうなんだ。聞きたいけど勇気が出ないんだね。じゃあ、どうする?」

すると、「お父さんから聞いてほしい」と。

そこで、「ウチの子は、たしかに音読しました」というサインを親が記入する欄に、「この音読の宿題をやる意味を教えてください」という旨を書いて先生に提出しました。すると、先生からA４の用紙1枚に、びっしりと「この宿題をやることの意味」について書かれた返事が届きました。

実は、私も「こんな宿題をやる意味があるのか?」と内心で思っていましたので、この先生からの回答を読んで大いに納得しました。もちろん、長女もそれを読んで納得したようです。

意味もわからずに嫌々やるのではなく、理由を理解したうえでできるようになり、また、「理由を聞けば相手は答えてくれる(こともある)」ということの学びにもなり、よかったと思っています。

少し話が横道にそれましたが、相手は「人からの期待を忘れてしまった」という以外にも、**「できない理由があってやれなかった」というケースもある**ということを覚えておいてください。

上級編 そもそも期待は叶わないのを前提に

そもそも世の中というものは、全てが期待通りにいくことはあり得ません。

なーんてカッコいいことを言っている私も、毎日「期待外れ」を経験しながら、ガッカリしたり、イライラしたりしながら生きています。もちろん期待通りになることもありますが、多くのことは期待外れなのが、実際のところ。

先日お目にかかったリーダーの方も、

「私のキャリアは実に平凡なもので、他の同期が新聞に功績を掲載されたり、宮内庁から表彰されたり、起業して成功していたりするのに、私の担当している事業は会社内でも全く光が当たらず、全然うまくいかないんですよ」

としみじみおっしゃられていました。

そんな状況に陥っているリーダーによく私がお伝えするのが、**「あの大谷翔平選手だって、打率は3割台ですよ」**ということです。

野球に詳しくない方、ごめんなさい。少しだけおつき合いください。大谷選手のような大スター選手でも、打率は好調時でも3割台。10打席のうち7打席くらいはヒットを打てない……つまり、失敗しているということです。

大谷選手でさえそうなのですから、「期待」に対しては、基本的にはこう考えるのが妥当ではないでしょうか。

「期待は、叶わなくて当たり前」

こう考えることができれば、「どうして自分は、いつもうまくいかないんだろう？」なんて悩む必要がなくなって、気分がグッと楽になります。だって、うまくいかなくて当たり前なんですから。

実際に、経営者の方へのコーチングで、私がこの話をすると、「そうですよね。大谷だって打率4割はいかないんですもんね」と安心される方がたくさんいらっしゃいます。

どうも、志の高いビジネスリーダーほど、10回の打席に立てば、10回結果を出さなければいけない、といった、いわゆる完璧主義なところがあるようです。

私はコロナ禍をきっかけに東京の暮らしをやめて、関東の田舎に移住しました。現在の住まいでは、どこにいくのにも車で出かけなくてはいけません。オンライン会議が続く日は、その合間でランチを取ろうとしても、やっぱり車で出かけることになります。

その日は、行ったことのあるお蕎麦屋さんで食べようと思い立ち、スマホで「営業中」であることを確認してから15分ほど車を走らせました。

しかしお店に着いてみると「本日休業」の文字が！

どうやら、定休日が最近変わったようで、サイトにはその情報がアップデートされていなかったようです。

こんなとき、「なんで期待通りにいかないんだ！」「電話すれば確認できたのに、なんでしなかったんだ！」と自分を責めるような厳しめの言葉をかけてしまいがち。

そう思ったらぜひ、**「そいつは都合がいい！」という言葉がけ**を試してみてください。

この私のケースならば、「そいつは都合がいい！　新しいレストランをこの近辺で開拓してみよう！」という感じでしょうか。

結果的に、その近所に最近できたサラダの美味しいイタリアンレストランを開拓できたので、期待以上の結果につながりました。

期待は全て叶うことはない、という前提で日々を生きること、そして、期待が叶わなかった時にどんな思考をするかの工夫によっては、期待外れもあながち悪くない、という『自力本願的な生き方』に変えることができる。

そんな思考の方法もあると覚えておきましょう。

「全部うまくいってない」と思い込まない

「本当に何もかもうまくいかなくて……」

私がコーチングを提供するリーダーの中には、担当事業の業績が伸び悩み、期待をかけた部下が次々と転職していき、取引先とのトラブルで日々お客さまに頭を下げるような、厳しい毎日を過ごしている方もたくさんおられます。

そんな悩みを抱えるリーダーからこんな言葉を聞くと、私も心が痛くなります。

共感しきり、というのが私の本音でもありますが、そこはプロのコーチの役割として、こんな問いかけをします。

「それって本当でしょうか?」

そうすると、リーダーの方は
「はい、うまくいっていないのは本当です！」
と返答されるので、さらに私から
「なるほど。それって本当に本当に本当に、一点の曇りもなく全て本当ですか？」
と問うと、
「えっ、どういうことですか？」
とおっしゃいます。

ここで少し種明かしというか、解説をしていく流れを作るのが定番です。

「私から見えている景色をお伝えしてもいいですか？　○○さん、ちょっと一般化が過ぎるというか、やることなすこと、全て、ひとつの例外もなくうまくいかないと言ってますけど、そんなことはないのではないかと思うのです。例えば私との約束の時間にも参加することもできているし、先ほどの話では、部下の方から○○さんが上司でよかった、というコメントももらったとおっしゃってましたよね」

大抵の場合はこんな返答があります……。

「そういうことじゃなくて、仕事の結果が出ないんですよね、それが大問題で……」

きっと、ここまでお読みの方はお気付きかなと思うのですが、これは**「極度の一般化」**という現象が起きています。

先ほどの大谷選手の話で例えると、10打席中7回失敗している、という事実を一般化して「全てうまくいかない」とざっくり捉える傾向のことを言っています。

きっとあなたもそんなふうに考えてしまう「しんどい」夜を過ごしたことがあるのではないでしょうか。

第1章で、私の知人に、自分がどんな期待をしているかを列挙してもらいましたね。

そこで、ぜひやっていただきたいこと。

あなたにも、例えば、**夜眠る前に、その日の自分の期待を列挙してみてほしいのです。そして、それらの期待が、叶ったか叶わなかったかを思い出してみてください。**

ノートや手帳に書いてみてもOKですし、もし付箋が手元にあるなら、ひとつの期待を1枚の付箋に書いていき、それを壁や窓などに張り出して眺めてみてもいいと思います。あるいは、スマホのメモ帳に書き溜めてもＯＫ。

そのようにして集めた「今日の期待リスト」を眺めつつ、自分の期待をひとつずつ冷静に分析してレビューしてみると、自分の期待への精度が高くなります。

あなたの「今日の期待」は何割ぐらい叶ったでしょうか？

そんな客観データを取ってみると、自分の「打率」というか、「期待が叶う確率」がわかってくるのです。

こういう練習を重ねることで「闇雲に期待して裏切られる」という抽象度の高い思考から離れられますし、「期待への精度」が高くなると、「何もかもうまくいかないと思っていたけど、思っていたよりは期待通りになっていることが多い」といった気づきや洞察が生まれるのではないでしょうか。

本書で何度もお伝えしていることですが、私たちは毎日たくさんの期待をしています。

これは私の経験からの持論ですが、それらの期待が叶う確率は、実は、人によってそう大きくは違わないのではないのでしょうか。

人によって、「私はすごく運がいいんです」という方と、「自分はいつも運が悪いんです」という方がいます。

ただ、全く同じ失敗体験をしても、「自分は運がいい」と思っている人は、「あの失敗がきっかけで、運が上向いた。本当にラッキーだった」ととらえられ、逆に「自分は運が悪い」と思っている人は、冷静に見れば及第点の出来でも、「あーあ、やっぱりね。うまくいくわけないと思ってたんだよ」とネガティブな方向に思考を向けてしまう。

つまり、全く同じ結果でも、その人の「解釈の違い」によって、「期待」の達成率は変わってくるということです。

私のモットーは「なるべく愉快に」なのですが、コーチングセッションの中でお客さまが神妙な面持ちで「部下育成が全くうまくいかない」とおっしゃられた時などは、その愉快さを発揮するタイミングです。

私はタレントのＩＫＫＯさんの言葉が好きなのでこんな時は、ＩＫＫＯさんの口ぶりや身振りを真似しながら「マボロシ〜！」といきなり叫んでみたりします。

神妙な面持ちだったお客さまも私のいきなりの変貌ぶりにびっくりして、思わずクスッと笑いながら

「確かに、マボロシかもしれませんね。最近は、本当にがっかりすることが続いたんですが、そんな時に諦めずに丁寧に対話をしてきたことで、彼らなりに、抜け漏れがないように計画表の作り方を工夫してくれたり、お互いに声を掛け合うようになったり、わからないことは事前に聞きにきてくれるようになったりと、しっかり成長してくれているのは確かなんですよね。ただ、まだそれが結果につながっていないというのが正確な理解かもしれないですね」と分析してくれたらこっちのもの。

一旦冷静になって振り返れば、「期待外れ」も「期待どおり」も「期待以上」も起きていることがわかるのです。

私はこれを「コインの両面を見る能力」と名づけています。例えば十円玉であれば、

片方に10という数字と発行年が書いてありますが、表面は異なるデザインで、日本国、十円と書いてあり、建物の絵がデザインされています。

私たちは、その片方だけを見て物事を語る傾向があるのですが、両面ともしっかり見て、フェアに物事を語る能力や胆力を養いたいもの。

これが自己成長の基盤になり、期待の結果に左右されない『自力本願的な生き方』の礎《いしずえ》になると思うのです。

見えない期待の存在に気づく

これまでお伝えしてきたように、私たち自身が期待についてより公平な物事の見方を身につけ、「できていない」ことだけではなく、「やれたところ」に気が付けるようになることは、相手にとってもメリットがあります。

例えばあなたが「期待通りにはならなかったけど、ここは頑張ってくれたね」と声をかけたとすれば、できた部分についてはきちんと評価してくれると相手も感じることができ、報われた気持ちになれるものです。

以前に、某交通インフラ会社の方をコーチングしたとき、こんなことをおっしゃっていました。

「私たちの仕事って、世間一般から、『時間通りに運行できて当たり前』だと思われています。ですから、普段、時間通りに運行しても、誰からもほとんど感謝されません。それでいて、たとえ1分でも遅れを出そうものなら、厳しくクレームを言われる。ものすごくモチベーションを保つのが難しい仕事なんです」

交通機関や通信インフラなど、ライフラインに関わる仕事をしている方たちは、「ちゃんとやって当たり前」だと思われていて、ミッションを100パーセント遂行しても感謝されることがない（めったにない）のです。

お話を伺いながら、たしかにそれは「ちょっとキツイな」と思ったのを覚えています。相手が期待に応えてくれているのに、「それで当たり前」だと思っていると、相手はモチベーションを保てません。

これは公共インフラの事例なので、あまり関係ないなと思われる方も多いかもしれませんが、あなたの周りにも、そういった「さりげない善意」はありませんか？

そんな「さりげない善意」に対して、言葉で感謝を伝えることができれば、その相手もきっと「期待に応える悦び」を感じることができる。それが「期待」の循環の起点になっていくのだと思います。

人がしてくれたことに気がつき、感謝と共に声をかけるのは、関係づくりにおいて意外なほど大きな効果があると心得ましょう。

他人の期待を勝手に生み出さない

いわゆる「サプライズ」が好きな方がいます。

何かプレゼントをするとき、何を贈るかをずっと秘密にしていて、相手を驚かせるという、あれです。こういう人は、「相手はさぞ喜んでくれるに違いない」と期待しています。

実はこれ、「相手はこれを期待しているだろうな」と、勝手に相手の期待をつくり上げてしまっているのです。

サプライズ好きな方に向けて、ここで残念なお知らせ。

そんなサプライズへの期待は、あなたのエゴ、あるいは勘違いか気のせいである場合が多いと心得ましょう。

なぜって、あなたのサプライズは、相手にとってはただの迷惑で、余計なお世話かもしれないからです。そもそも、そのサプライズは、（サプライズなので当たり前ですが）相手から「こうしてほしい」と、正式な依頼があったわけではありませんよね。ですから、誕生日に大枚をはたいて花束を贈ったら、相手から「私、アレルギーで花が嫌いなんだけど」なんて言われるという悲劇が起こってしまうのです。

私の知人の失敗談です。

銀座に新しくできた雑貨店の店頭で、海外から初めて輸入されたという斬新なデザインのアクセサリーを売っているのを見かけ、そのなかのひとつがとてもおしゃれに見えたそうです。そして、「たまには奥さんにプレゼントもいいかな。おしゃれなアクセサリーだし、きっと喜んでくれるに違いない」と思ったのですね。

2万円を超える品でしたが、そのときは良かれと思って、そのアクセサリーを購入し、奥さんへのサプライズのお土産にしました。

ところが……。

アクセサリーを渡すと奥さんが怒ったのなんの。

「私、アクセサリーがほしいなんて言った？」

「いや、それは聞いていないけど、銀座で見つけて……」

「そもそも、こんなデザインのアクセサリーを私がすると思う？」

「似合うと思ったんだけど……」

「要らない。受け取らない」

知人は「おしゃれだな」と思ったデザインも、奥さんの趣味とは全く異なっていたのです。

結局、奥さんには受け取ってもらえず、知人は、**「勝手に相手の期待を作り上げてしまった」ために大失敗をする**という（貴重な？）経験をすることができたそうです。

このように、当然のことながら、相手には相手の好みや価値観があります。**自分が喜ぶと思ったことを、相手が喜んでくれると思ったら大間違い**なのです。

もちろん、サプライズプレゼントのすべてを否定するわけではありません。ただ、それを成功させるためには、事前のリサーチでちゃんと相手の好みを知っておく必要があります。そういった準備もなしに、思いつきでプレゼントをするのは、いざこざを自ら呼び寄せているようなものだと覚悟しておきましょう。

オフィスでも、「この部下は自己実現したいに違いない」と、勝手に部下の期待を想像する上司、いますよね。「これも部下の成長のためだ」と思って、少しハードルが高い仕事を与えていたら、当の部下本人は「会社の仕事よりもプライベートを重視したい」という価値観を持っていて、あっさり会社を辞めてしまう。その部下が優秀だとしたら、会社にとって大きな損失です。

相手の期待を勝手に妄想してしまうと、そんな悲劇にもつながるのです。

私自身はサプライズプレゼントが好きなので、予告なく何かを人にプレゼントしたりすることも多いのですが、「気に入ってくれなくても、その瞬間を楽しむ」ぐらいのロードリームも想定しながら、めちゃくちゃ気に入って喜んでくれるというハイドリームを淡く期待して臨むようにしています。そうすれば、無用な「期待外れ」を感じる心配なく、サプライズを仕掛けられるのです。

CHAPTER 3 まとめ

- 期待は叶わないことが前提。応えてもらったらラッキーくらいに考える。
- 全部うまくいっていないなんてことはないので、期待の結果をしっかり振り返り解像度を上げる。
- ハイドリーム、ミドルドリーム、ロードリームの3つの期待値を想定しておけば、結果に振り回されなくて済む。
- 人の言葉や約束を信じすぎないこと。それぞれ事情や優先順位があることを忘れず、額面通りに受け取らない。

CHAPTER 4
期待をすり合わせる会話術&期待に依存しないためのセルフケア

相手と自分の「期待」が叶い、
いい関係になることがこの本の目指すことです。
そのために必要なのは期待のすり合わせ。
シーン別に期待をすり合わせる方法と、
それでもうまくいかなかった自分を守る
セルフケア法をまとめました。

期待に依存してしまう人の口ぐせ

第4章のテーマである、「会話術」と期待に依存しないための「セルフケア」のお話に入る前に、ひとつ質問です。

あなたは次のような言葉を口ぐせにしてはいませんか？

●「〜のに」

「ちゃんと伝えたのに」「やってくれると思っていたのに」など。

●「〜はず」

「ぜったいにうまくいくはず」「彼なら大丈夫なはず」など。

●「〜べき」

「約束は守られるべき」「売上目標は達成すべき」など。

●「当たり前」

「サービスしてくれて当たり前」「成功して当たり前」など。

もし、これらの言葉が口ぐせになっているとしたら、あなたは**期待に一喜一憂すぎる「期待に依存するタイプ」**かもしれません。

また、物事の結果を受けて、次のような愚痴を口にするあなたも要注意です。

●「ひどい」

「こっちが言ったことを全然覚えていないんだから、ひどいものですよ」など。

●「あり得ない」

「売上ノルマの半分にも達しないなんて、あり得ない」など。

●「考えられない」

「残業を断ってプライベートな用事で帰るなんて考えられない」など。

期待に依存していたからこそ、その意に反する結果を受けて、こんな言葉が口から出てきてしまうわけです。

さらに、少し「あきらめムード」が漂う、次のような言葉も、実は過剰な期待の裏返しであると言えます。

●「どうせ」
「あの人はどうせ失敗すると思っていたよ」など。

●「しょうがない」
「何度ハッパをかけてもやらないのだから、言ってもしょうがない」など。

●「やっぱりね」
「やっぱりね、こんな結果で終わると思っていたよ」など。


どれも、一見、達観しているように聞こえる言葉かもしれません。

しかし、もともと期待していないのであれば、このような「あきらめモード」の言葉は出てきません。

ですから、これらも実は「期待に依存してしまうタイプの方」の口ぐせなのです。

あなたに当てはまる口ぐせはありましたか？（私はたくさんありました……）

繰り返しますが、これらの言葉が口ぐせになっている方は、自分の「期待」に依存してしまうタイプだという可能性が高いと思ってください。

表現を変えると、**「自分の期待をコントロールできていない方」「自分の期待をマネジメントできていない方」**でしょうか。


期待することは悪いことではありません。

しかし、期待に依存してしまうことは、決して「賢い期待とのつき合い方」をしているとは言えません。

期待に関する悲劇は、そのほとんどが「期待に依存してしまった」ことが原因と言っても過言ではないからです。

期待に依存する口ぐせをつい言ってしまっている方は、ぜひ、本章で紹介する、期待に依存しないための会話術とセルフケアを実行するようにしてください。

「期待値をコントロール」する習慣で自分をご機嫌に保つ

ここで、一旦原点に立ち返り、自分の内面を見つめる時間をとってみましょう。

そんな自分の内面を探索する時間のことを、私は「セルフケア」と呼んでいます。

セルフケアの目的は「自分で自分の機嫌を取る」あるいは、「心をご機嫌な状態に戻していく」ことだとも言えます。

このような時間をまとめて取ることも重要ですし、先の項に挙げたような期待に依存している口ぐせに自分で気づいた時にも、サッとこの「セルフケア」モードに入れると、自分の状態を立て直しやすくなります。

この「セルフケア」モードに入るための入口は、まず**「一呼吸おく」**ことです。

ふっと一息、吐いてから、大きく吸って、そしてまた息を吐き出す。

これだったら、例えばランチの席で料理が運ばれてくるまでの時間や、車を運転していて信号が赤になっている時、電車が来るのをホームで待っている時や、パスタを茹でている間といった、すきま時間に「セルフケア」への入口を作ることができますので、やってみてください。

そして、自分にこんな問いかけをしてみてください。

「私は相手にどんな期待をしているのだろうか？」

「相手は私にどんな期待をしているのだろうか？」

期待に依存してしまっている、前項のような口ぐせが出てくる瞬間は、どちらかというと興奮状態にあると言えますので、これを少し冷静な視点で思考をすることで、冷静な自分を取り戻したいところです。取り戻すきっかけとなるのが、この2つの問いです。

こういった、自分に自分で問いかける静かな問いのことを私は「セルフトーク」と呼んでいます。このセルフトークのフレーズを工夫することは、人生の質を高めることにつながりますので、ここで新しい習慣を身につけましょう。

そして、ある程度その思考を巡らせることができたら、次のセルフトークはこれです。

「それで、あなたはどうしたい？」

あなたの期待の奥底に眠る「願い」を探してみてください。

きっとその相手と仲良くなりたいんですよね。楽しい時間を共に過ごしたいんですよね。そして、共に成長していきたいんですよね。

そんなポジティブな願いに自ら気がつくことができれば、自然と相手に出す言葉や、毛穴レベルで伝わっている風合いも変化していくのではないでしょうか。

自分の気持ちの原点に戻る「セルフケア」の時間、ぜひあなたの生活の中に取り入れてみてください。

「過剰に期待しないためのセルフトーク」6選

ここまで、セルフトークについて一緒に学んできていますが、これまで挙げたもの以外で、相手に求める前に自分自身に問いかけるといい問いをまとめてご紹介します。

●「相手はそれを求めていると思う?」

先にお伝えしたセルフトークを使って、こちらから相手に期待していることが何なのかを特定できたとします。そこで考えてほしいのがこの問いかけです。

「はたして相手は『こちらからの期待』について、同じように求めているだろうか?」ということ。

これを自分に問うことで、「あー、どう考えても、この期待は私の思い込みで、相手はやりたくないだろうな」と想像がつくこともあると思います。このセルフトークを使って考えると、相手に無理難題な期待を平気で押しつけてしまうようなことを防げるようになります。

●「相手の期待を確かめる手段はありそう？」

私たちの頭の中で考えることは全て「推測」です。

実際に相手に「私の期待は理解してくれてる？」と問うことや「そっちは何を期待しているの？」と直接確認することができれば楽なのですが、さまざまな人間関係のしがらみの中だと、直接的な問いかけができないこともあるはず。

そんなときには、他に確認する手段はないだろうかと考えてみてもいいのかもしれませんね。共通の知人に聞くこともアイデアのひとつかもしれませんし、相手との雑談の中でそれとなく好みを知ることや、感触を得ることもできるかもしれません。

ぜひ、クリエイティブにいろんな手段を考えてみてください。

ここで大切なのは、推測で終わらせずに、相手の真実を知ろうとする好奇心だったりします。

●「もし、この期待が叶ったとしたら、私と相手はどんなことを感じそう？」

仮に「自分からの期待を相手が叶えてくれたとき、相手はどう感じるだろうか？」という視点を問うセルフトークです。**あなたは期待が叶ってうれしくても、相手も同じように喜べる状況でしょうか？**

私は、たまにハンバーグを作るときにそんなことを感じます。ハンバーグはいちから作るとかなりの工数と時間を要しますが、それを食べる時にはものの数分もかからず完食してしまいますよね。

「手作りのハンバーグが食べたい！　ほら、あの時作ってくれたやつ。あれ美味しいよね」というお願いが叶って、ハンバーグを頬張っているときのあなたは最高に満足でしょう。

しかし、忙しいなか作ってくれた相手はその時、疲れ切って笑顔で味わうどころではないかもしれません。

こんな双方の感情を想像することで、私たちは「期待の伝え方」に工夫ができるようになり、一方的な「要求」を避けることができるようになります。

●「2人の未来は、この期待を叶えることで好転する？　それはどのくらい？」

期待は関係性を向上させるための「願い」として使う。そんなことを考えてほしいときのセルフトークです。

「はたしてこの期待が叶ったとき、自分と相手はお互いにハッピーになれるだろうか？」「もし、なれるとしたら、どれくらいハッピーになれるだろうか？」を問うセルフトークです。

もしこの問いに対する答えが明確な「NO」な時は、その期待は胸の中にそっと収めておいた方がよさそうです。

逆に、「めちゃくちゃ好転する」と思えれば、自信を持ってその期待を伝え、絆が深まる体験にウキウキしてみてほしいなと思います。

●「それって、本当に本当に本当？」

これは繰り返しになりますが、私たちの頭の中を巡る「期待」は事実情報ではなく、私たちの感受性が作り出す「妄想」の域を出ません。

そして、妄想というのは基本的に私たちの好きな方向にストーリーを向かわせることができます。

その**妄想に歯止めをかけるのが「本当にその想像は正しいですか？」という問いです。**


例えば、少し前に紹介したプレゼントの事例では、「相手はきっと気に入ってくれるはず」というセルフトークから始まり、プレゼントを渡す前には妄想が勢いを増し、「気に入ってくれるに違いない」といったところまで進んでいるかもしれません。

そんな思考が期待外れを生みますので、ぜひプレゼントを渡す前にこの問いを問いかけてみてください。

「プレゼントを気に入ってくれるはず、と思ってるけど、それって本当に、本当に、一点の曇りもなく、本当？」と自分に問いかけることで、少し冷静になれるはず。

「気に入らないということも十分あり得る」と思えれば、過剰な期待から自分の気持ちを遠ざけることができます。

●「数年後に振り返ってもそれは本当だと言える？」

そして、最後にご紹介するセルフトークは「時系列」を変える問いかけです。

私たちの期待は、どうしても「いま叶えたい」と思ってしまうもの。その時、その瞬間の損得勘定や欲求が優先されたりします。

一瞬の期待ではなく、長い期間に目を向けて期待を俯瞰《ふかん》するためのセルフトークを、ぜひ使ってみてください。

この項では、期待に胸をふくらませ興奮状態にある自分を、より平静な状態に戻してくれるセルフトークをたくさんご紹介してきました。皆さんは、どのセルフトークが気に入りましたか？

このセルフトークは、1日の終わりにお風呂に入っているような時や、帰り道のカフェで少しくつろいでいるような時にも使えますし、「期待していたのに！」とイライラしている自分に気づいた時には、少しブレイクして缶ジュースを買いに行くような、1分、2分といった短い時間でも活用できますので、ぜひ生活に取り入れてみてください。

「期待をすり合わせる」ための会話術1

職場の上司編

さて、ここからは、シーンごとに具体的な事例を使いながら、期待をすり合わせるための会話術について学んでいきましょう。

まずは、職場編からお届けします。

期待をすり合わせるための会話術　職場の上司編

●ファジー（曖昧）な情報を避けて具体的に伝える

職場での会話は期日や売り上げの数字など、具体的な数字を正確に管理することが求められるのがその日常です。

そんな正確性の高い職場において、なぜか期待だけはファジーというか「定性情報」として語られることが多いものです。

例えば、「〇〇さんに任せている今回のプロジェクト、とても期待しているよ！」と、部下に任せた仕事への期待を告げる時も、ふわっとした定性情報で伝えていたりしませんか？

あるいは、リーダーとして朝礼で挨拶をする時、「今日も笑顔で頑張りましょう！」なんて締めくくったりしていませんか？

そんな表現では、「何をすれば、認めてもらえるんだろうか？」「笑顔で頑張るって、何を？」と、受け取り手の部下やチームメンバーは曖昧《あいまい》さに困惑しているのではないでしょうか。

私の場合は、講師としてオンライン研修をするときに画面オフで参加している方が多いと、「皆さんの顔を見ながら話したいなぁ〜」と軽やかにお伝えすることがあるのですが、これも定性情報です。

そして、ほとんどの方が画面をオンにはしてくださらない（笑）。

そんなときは、「定性情報を定量化する」ことを思い出し、「皆さん、今日は特別な理由がない限り画面オンでご参加いただくようお願いします」と明確な指示をするとお顔を見せてくださることが多かったりします。

このように、具体的に何をする必要があるのか、あるいは、目指している数字を明記することや、納期の期日や時間を正確に伝えることが、ビジネスとの親和性が高いと思いますので、**なかなか「期待が伝わらない」という感触があった時は、意識して「定量情報」として伝える**ようにしてみてください。

普段のちょっとした依頼でも、「この資料をなるべく早めに、みんなが見やすいようにまとめておいてくれますか？」ではなく、「来週月曜日の会議で使うこの売上データは、今週の金曜日の午前中までに商品別、お客さま別に構成要素をグラフ化してもらえると助かるのですが、どうですか？」などと、具体的に求めていることを説明しましょう。

●期待がしっかり伝わったかを確認する

多くのリーダーが、「定量的に期待を伝えたら、メンバーが能動的にその期待に応えてくれるように動いてくれる」と思いがちですが、実はその限りではありません。

ここで皆さんに取り入れてほしいのは「期待のすり合わせ」というコンセプトです。

もう少し簡単にいうと、**こちらの期待がきちんと伝わったかどうかを「確認」する、**

というステップを忘れずに入れてほしいのです。

第3章で、奥さんが旦那さんに牛乳を買いに行ってほしいと依頼する事例を紹介しましたね。ビジネスでも同じような考え方が有効です。

期待のすり合わせを終えたら、最後にこんなふうに聞いてみましょう。

「今の話を聞いて、わかったことを教えてもらってもいいかな？」

いわゆるロールプレイングゲームの呪文のようなこの言葉を投げかけると、相手は漏れなく「聞いて理解したこと」を伝え返してくれます。

相手に「わかったと思ったこと」を口に出してもらうことで、理解が曖昧な部分や誤解されていた部分などが明らかになるのです。もしメンバーが的確にあなたの期待をしていることを理解できていれば問題ないですし、そこで理解にズレがあれば、あらためて期待を伝え直す機会になります。

こんな会話の一手間を入れることで、期待はすり合っていきます。

わりとカタい言葉遣いになるので、関係性によって言い方は変えてくださいね。

また、この期待のすり合わせをする時に、お勧めしないひと言があります。

そのＮＧワードは「何か質問はある？」です。

こう聞かれると、よく理解できていない相手ほど、反射的に「いいえ、とくに何もありません」と答えてしまうもの。

これは、「質問がない」のではなく、「何を質問してよいかがわからない状態」です。

それなのに、聞いた側が「何も質問がないなら、理解できたんだな」なんて勘違いすると、ボタンの掛け違いの元になります。

●「指示」と「任せる」部分を明確にする

職場でよく聞く「期待を伝える表現」に、「ここは任せるから」という言い回しがあります。

言われたメンバーは、「ああ、全部、自分の裁量に任されたんだな」と思って仕事を進めていると、途中でリーダーから「いくら任せると言ったからって、ちゃんと途中で報告してもらわないと困るよ」なんて茶々が入る。

あるいは、結果を報告すると「う〜ん、そんなまとめ方じゃ会議で取締役に報告できないよ、もっとこの部分をさぁ……」とダメ出しされる。

メンバーに「結局、全然任せてないじゃん」という不満が起きる瞬間です。

そこで、期待のすり合わせで必要なのが、**「ぜったいにやってほしい指示」（マスト条件）の部分と、「相手の裁量に任せる部分」をしっかりとすみ分けして伝える**ことです。

例えば、「この資料に書いてあるタスクの1番から3番は、絶対にやってほしいことなので、言われた通りに作業をしてください。4番と5番については、あなたの裁量に任せたいと思っているので、自分で考えて自由にチャレンジしてみてほしいなと思っています。ただ、私も進捗《しんちょく》は知りたいので、一週間に1回、私に現状を報告してくれると助かるのだけど、そんな進め方でどうかな？」と細かく説明すると、相手も安心して思い切って取り組めるでしょう。

●「期待」が噛み合わなかったときは「How might we…?」

仕事で「期待のすり合わせ」をするとき、例えば他部門の相手と意見や価値観が合わないこともあるでしょう。そんなときの交渉術として使えるのが、次のような考え方です。

「How might we…?」（私たちは、どうすればそれができるのか？）

お互いの期待（願い）が異なっても、対立するのではなく、「どうすればできるのか？」という妥協点に目を向けるようにします。どちらの期待も両立するようにバランスを取るのです。

そんな、お互い満足してハッピーになる、いいとこ取りの落としどころを一緒に考えると、新たなアイデアがひらめいたりして、イノベーションにつながることもあります。

一例を挙げると、「病院のベッド」。

あの移動式のベッドは、病院の衛生管理の中で、最も衛生状態が悪いのは患者さんのベッド周りである、という調査結果と、実際に患者さんをベッドから移動させて掃除するということに困難がある、という2つの事実から生まれました。

そのときに活用されたのが「どのようにすれば、患者さんに負担がなく、衛生状態を向上させることができるだろうか？」という問いだと聞いたことがあります。

「ベッドを患者さんごと移動できればベッドの下を掃除しやすくなり、清潔に保つことができる」というイノベーションですね。

というわけで、「期待をすり合わせる」ための交渉術の職場編では、

- **ファジーな情報を避けて具体的に伝える。**
- **期待がしっかり伝わったかを確認する。**

- 「指示」と「任せる」部分を明確にする。
- 期待が噛み合わなかったときは「How might we...?」

という4つを意識していただければと思います。

「期待をすり合わせる」ための会話術2

職場の部下編

シーン別の会話術の次は、職場の部下編です。

会社での期待は、なにも上司から部下に寄せられるものだけではありません。部下も当然、上司に期待しながら毎日の会社生活を営んでいますよね。

私が作った造語ですが、「上司と天気は変えられない」というぐらい、部下側の期待を上司に理解してもらい、叶えさせることは難しいのかもしれません。

そんな前提で、思い通りにいかない時にも活用してほしい会話術をお伝えします。

期待をすり合わせるための会話術 職場の部下編

- 相手の期待を特定する

部下側が上司に期待する。

そんな状況は、意外と多くあると思います。

例えば、「仕事ぶりを評価してほしい」ということだったり、「現場の状況をもう少し考慮してほしい」といった期待が挙げられるかもしれません。

そして、意外と多いのが、**上司からの乱暴な指示やフィードバックに対して、「こっちの身になって考えてほしい」ということだったりします。**


私の知人で、総合病院の循環器科で働いていた看護師さんが、上司との具体的なやりとりを教えてくれました。

循環器科のお仕事は人の生死に直接的に関連するため、正確性とスピードが重視される現場なんだそうです。そんな現場で働く知人は、もともと効率的に物事を処理していくような業務は苦手で、どちらかというと仕事の意味や意義をしっかり理解して丁寧に働きたいタイプ。

当時の上司からは常々、「時間内に終わっていなかったよね。時間は守ろうね」と指摘を受けていたそうです。そんな彼女は常に、「こっちの身になって考えてほしい」と心の中で呟《つぶや》いていたそう。

さらに、「他の人が気づかない部分でフォローしているんだけどな。そういうところ気づいてほしい」という期待を抱いていたそうです。「仕事だから、言ってることはわかるけど、もっと私の主張をわかってくれている感がほしいんだよね」と口にされていたのが印象的でした。

物理的に策を講じてほしいというよりは、感じていることや考えていることをわかってほしい、というのが本質的な期待だったということですね。

そんな知人が例えば上司に対して、「こちらの身にもなってくださいよ」と伝えたとすると、どんな言葉が返ってくるでしょうか。前段のやり取りだと、おそらくネガティブな言葉が返ってくることが想定されますが、おそらくこの5つのどれかになるでしょう。

①「言われた通りやってくれよ、めんどくさいな」

②「言ってることがよくわからないんだけど……どういう意味？」

③「それって本当に大事なの？　仕事だよ……」
④「またその話？　もうよくない？」
⑤「今その話する？　だいたい忙しい時にその話してくるよね」

どれも、会話としてはうまくいかないですよね。

ですので、**実際に期待を伝える前に、辛いかもしれませんが相手が①から⑤のどの言葉を言ってきそうか、想像してみてほしいのです。**

そして、それが特定できたら、相手の考えていそうな言葉を先に言葉にしてセリフを作ってみるといいでしょう。

それぞれの事例でセリフのイメージをご紹介しますね。

①「言われた通りにやれていなくて、面倒だと思うのですが、理由があるので少し話を聞いてもらえませんか？」
②「私のお伝えしていることは、ちょっとわかりにくいと思うのですが、少し一緒に整理する時間をいただけますか？」

③「仕事の中では効率重視なのはわかっているのですが、私が大切にしていることについて相談させてもらえないでしょうか?」
④「また同じ話で申し訳ないんですが、どうしても納得できないことがあって。少し聞いてもらってもいいですか?」
⑤「相談したいことがあるんですが、いつだったらお時間いただけそうですか?」

普段から一緒に仕事をしている相手なら、その人が感じていそうなことは容易に想像がつくと思いますので、それを先読みして言葉にすると、「配慮が感じられる」と、相手も聞く耳を持ってくれる。

がんばってそんな機転を利かせてみてください。

「期待をすり合わせる」ための会話術3 夫婦編

夫婦間の期待のすり合わせを怠ると、最悪、離婚の危機になります。そこまで言うと大袈裟《おおげさ》かもしれませんが、毎日の会話の連続でできている夫婦の日常は、会話を工夫することで、圧倒的に向上しますので、どうぞお試しください。

期待をすり合わせるための会話術 夫婦編

●未来志向で考える

夫婦間での期待のすり合わせでは、「未来志向」を前提にして交渉するとうまくいきます。

未来志向とは、例えば、「私たち夫婦は、10年後にはどんな夫婦でいたいか？」な

どの未来像を共通の判断基準に据えるということです。

私はアメリカでコーチングの技術を習得したのですが、通っていたスクールで教わった質問のフレーズの中に、「あなたがこの世を去る時、墓石にどんな言葉を刻まれたいか？」というものがありました。

夫婦の場合は墓石に刻む文字というイメージと少し異なりますが、未来に照らして、「金婚式のときにどんな夫婦になっていたいか」というように、人生の基本方針の視点から、軸足を未来に置いて期待のすり合わせをするのです。

「マイホームを買うか賃貸でいくか」「子どもをどう育てるか？」「夫婦共働きをするかしないか？」といった目の前の問題・課題をどう解決するかを話し合うと、見解が異なり対立しやすくなるもの。そのかわりに、「将来どんな家に住んでいたらハッピーか？」「子どもと20年後、どんな関係になっていたら楽しそうか？」「7年後、どんなライフスタイルを実現できていたら幸せだろうか？」こういった問いに変換して、これから先の未来、どんな夫婦でいたいかに目を向けると、共通の期待としてすり合わせしやすくなります。

問題に対しての解決策や計画を話すことよりも、未来の夢を語ることで人は心が動き、一致団結するのかもしれません。せっかく、長く共に生きる伴侶を得たのであれば、未来の話に花を咲かせてほしいものです。お互い、穏やかな気持ちでいそうな瞬間に、こんな会話を切り出してみるのはいかがでしょうか。

●日頃から、小さな期待のすり合わせを大切にする

夫婦編の後半は、もっと些細な日常会話での知恵をお伝えします。

夫婦といえども、もとは赤の他人。それぞれ異なった価値観を持って人生を積み重

ねてきました。だからこそ、ちょっとした期待のすり合わせをおろそかにしないでください。

それこそ、「目玉焼きには醤油かソースか」のような小さな（小さくない？）ことの**期待のすり合わせをこまめにするクセをつけておくと、2人で「難易度の高い期待のすり合わせ」をするときもうまくいく確率が高まります。**

実は離婚経験者の私が言うのもなんですが、一般的に、離婚する直前の夫婦の会話というのは、「私が仕事で辛い状況の時、話を聞いてと言っても全然聞いてくれなかった」「家を買うことになった時、私は本当は同意してなかった」とか、そんな会話ばかりなんです。これは、あきらかに「お互いの期待のすり合わせに失敗している状態」あるいは、「全くすり合わせをしてこなかった状態」です。

私の知人の夫婦間の問題を解決する専門家は、結婚前の男女に対して、「お互いの未来への思いをすり合わせた契約書を結ぶこと」を提唱しています。

その契約書には、それこそ、「収入を夫婦でどう分けるか？」「子どもは何人ほしいか」「家事や育児をどう分担するか？」「親族との同居や介護の問題が発生したときはどう対処するか？」「浮気が発覚したときはどうするか？」など、さまざまな項目があります。それを見ながら、結婚前にお互いの希望を出して話し合い、項目を埋めていって契約する。そして、結婚後も契約書は定期的にメンテナンスする。そうすることで、結婚後に「こんなはずじゃなかった」となることの回避につながるというのです。

たしかにこれなら、「期待のすり合わせ」を事前に実施しているわけで、あとから「こんなはずじゃなかった」となる可能性が低くなりそうです。

これから結婚する方にはすぐにでも実践してほしいですし、ベテラン夫婦でもこんな話をお互いに共有しながら、どんな未来を作りたいかを話し始めてもいいと思います。

「期待をすり合わせる」ための会話術4 親子編

「相手と期待をすり合わせるための会話術」の4つ目は、親子編です。前半の話は、親目線から、子どもとの「期待のすり合わせ」について。後半は、成人した大人が、それぞれの親とどう関わるかのお話になります。

期待をすり合わせるための会話術 親子編

●「上から目線」ではなく、「私たち目線」で

「親業」という仕事を日々経験していく中で、親は子どもに対して、つい「上から目線」で「指示・命令」調の言葉を使い、接してしまうことが増え、最終的にはそれが当たり前と考えるようになったりします。しかしそれでは、子どもと「期待のすり合

わせ」をすることはできません。

たとえ、セルフトークのあとであっても、「おもちゃを片付けて早く寝てほしい」という親からの期待をそのまま伝えるだけでは、子どもの「もっと遊んでいたい」という期待は無視されてしまいますよね。

では、どうすればよいのかというと、「私たちはどうしたいか？」という「共通の期待を探す」ようにするのです。

例えば、「おもちゃを早く片づけて、もう寝なさい」ではなく、「お母さんは、もうそろそろ、おもちゃを片づけて寝てくれたら嬉しいと思っているんだけど、私たちはどうしたらお互いにハッピーになれると思う？」という言い方（交渉の仕方）をしてみてはいかがでしょうか。

当然、子どもは年齢によって言葉の理解が異なりますので、言い回しは変える必要はあると思うのですが、相手の状況や都合にも耳を傾ける、ということを念頭に、頭ごなしにあるいは、高圧的に伝えないモードをぜひ取り入れてみてほしいなと思います。

もともと、子どもというのは、自我が優先するもの。自分の欲望に従って、「お腹空いた！　あれ食べたい！」と、衝動的に自分の期待を口にします。

そこで、わが家では子どもたちに、「自分の期待を口にしてもよいけれど、その言葉のあとに必ず、『みんなはどう思う？』という言葉をつけるのはどうだろう？」と提案して、実際に実践してもらっています。

「お腹空いた！　パン食べたい！（少し周りの様子を確認しつつ……）みんなはどう思う？」

「パン食べたい！」だけ伝えられると、親としても「もうすぐ晩御飯だから、今食べたらご飯食べられなくなっちゃうでしょ！　ダメ！」と思わず言いたくなってしまうところ。そこで「みんなはどう思う？」という言葉をつけるだけで、「確かに、パン、食べたいよね、美味しそうだよね。もうすぐ夕食だから、今は食べないほうがいいと思うけど、どう思う？」など、親の方も少し高圧的なトーンを避けて、より友好的な言葉を使う余裕が出たりするもので、言葉遣いの違いが生む変化にびっくりします。

「私たち」という単位で言葉を紡ぐ練習は、こんなところがスタート地点となります。

「やりたい」「ほしい」「いやだ」といった欲求に任せた言葉に、**「どう思う？」と言葉の「橋をかける」習慣を家族全員がつけることで、その家の文化の中に「やさしい会話」が生まれていきます。**

●親の真意を聞き出す

親子編、前半は子育てについてお話をしましたが、後半は私たちが大人になって、対等な存在となった「親」という大人との会話術をお伝えします。

大人になっても、自分の親との関係というのは長く続きますし、生活の中で大きな影響力を持つものです。

そんな親から受け取る期待とは、例えば「早く結婚しなさい」とか「いつまでもふらふらしていないで定職に就きなさい」あるいは、「早く孫の顔が見たいわ」などでしょうか。

実家に帰るたびに「結婚しないの？」なんてプレッシャーをかけられたら、自然と足も遠のいてしまいますよね。

そんな**親からの期待に対するすり合わせのポイントは、「聞き返すことによって、**

相手の真意を聞き出すこと」です。

「早く結婚しなさい」――「私に早く結婚してほしいと思ってるんだ。それで?」

「生活が安定するでしょ」――「生活が安定してほしいと思っているんだ。それで?」

「あなたの同級生だって、みんな結婚しているし」――「それは世間体が気になるということ? それで?」

「早く孫の顔が見たいのよ」――「孫の顔が見たいのね。それで?」

例えばこんな感じで、聞き返してみる(ちなみに「それで?」は柔らかい表情と軽やかな声音で「それで、それで?」などと続けて言うと威圧感がなくなります)。

子どもの幸せを思わない親はいません。表面上そう見えなかったり、日頃のコミュニケーションで言葉にしなかったり、ということはあるけれど、心の奥底では、子どもに幸せになってほしいと願っているものです。その気持ちを言葉にしてもらうことは、あなたのコミュニケーション次第で可能です。

私からの提案は、**「親は、なぜか最初から本音を言わないもの」と捉えて、反論しないこと。「親の第一声に本音が含まれることは、ほぼない」と思って**ください。

親の真意は何往復目かの会話の後に出てくるもの。

ですから、例えば、「結婚しなさい」と言われたら、その最初のひと言を真に受けて腹を立てるのではなく、**「聞き返して、別の言葉で言い直してもらうことで、その言葉の裏の意図が何なのかを探る」**のです。

すると、本心は「孫の顔を見たい」のか「世間体が気になる」のか「子どもに幸せになってもらいたい」のかという真意がわかるのです。

「期待をすり合わせる」ための会話術5 友人編

「相手と期待をすり合わせるための会話術」の5つ目は、友人編です。

プライベートな友人は、そもそも気が合わなければおつき合いしていません。ですから、お互いの期待は一致することが多いとは思います。

しかし、だからこそ、「期待のすり合わせ」では、落とし穴があるので注意です。

期待をすり合わせるための会話術 友人編

●期待をわかった気にならない

「自分と相手は親友同士でウマが合う」なんて思っていると、「自分の期待と相手の期待は常に一致している」なんて勘違いをしてしまいます。

例えば飲み仲間と一杯やったあとで、自分は、「さあ、締めのラーメン」と思っていても、あらためて希望を聞いてみたら、相手は「実はオレ、締めはパフェを食べたいんだ」なんて思っているかもしれませんから、決めつけに注意です。

こんなとき、英語には、**「Are we on the same page?」（私たちは同じページにいる？）**という表現があります。これは、「私の言うこと、伝わってるよね？」「今の気持ち、噛み合ってるよね？」くらいの意味で、友人同士で気軽にお互いの認識の確認をするときの言い回しです。こんな慣用句で、お互いの期待を確認するわけです。

友人と期待をすり合わせるときの交渉のポイントは、**たとえつき合いの長い友人であっても、相手の期待をわかった気にならないこと。相手の状況をしっかり意識すること。**

「このあと、締めのラーメンに行きたい気分だけど、○○はどうしたい？」

そう聞いて相手が「ラーメンいいねぇ」と言ってくれたら、「美味いラーメン屋を知ってるから行こう」と、めでたく期待のすり合わせが成立です。

「明日早いんで、今日はもう帰ろうかな」と言われても、がっかりすることはありません。「無理やりつき合わせなくてよかった」と思いましょう。

恋愛編 「期待をすり合わせる」ための会話術6

恋愛編のお話を進める前に、少しだけ準備運動としてお話をさせてください。

私からの、次の問いかけについて、ぜひ考えてみてください。

皆さんが今この本を読んでいる空間で「赤い」ものをたくさん探してみてください。

どうでしょう？　考えた瞬間に、赤いものがたくさん発見できたのではなかったでしょうか？

これをカラーパス効果と呼んでいます。カラーパス効果は、特定の色だけを強調し、他の部分を白黒にする映像的な技法で、視覚的な焦点を作るために使われているのですが、人間関係の中でもこのようなカラーパス効果は日々起きていると考えます。

恋愛中の関係においては、「強い好意」がカラーパス効果を生み、相手の「ここが好き」という部分をより鮮明に見つけ、ポジティブな面を中心にした会話が積み上げられることで、恋愛感情が深まっていきますよね。しだいに自分の主義主張や生活の好みなどを「好意的にわかってくれる」存在としての信頼感を向上させていきます。

とはいえ、そんな時間が続いていくと、相手に数多くを期待し、その期待値も高くなっていきがちです。最終的には「2人がうまくいかなくなる可能性を排除してしまう」という逆カラーパス効果のような状態になり、「ぜったいにわかってくれるはず」などと都合よく考えてしまいがち。

「恋は盲目」という言葉がありますが、よく言ったものですね。

そんな状態にかまけて「期待のすり合わせ」を行わないのは、恋人との破綻への準備をたんたんと進めているようなもの。

では、恋愛関係の相手と、期待のすり合わせるための交渉術のポイントをお話しします。

期待をすり合わせるための会話術 恋愛編

●相手の言葉を否定しない

恋愛関係のように、気が置けない関係の相手だと、つい、遠慮なく相手の言葉を「それはないんじゃない」なんて、全否定してしまいがちです。これは夫婦でも言えることです。たとえ、相手からの期待が全く意に反するものであっても、こんな言葉で受けてください。

「それは一理あるね」
「それは大事かもしれない」

そんなワンクッションを入れることで、こちらからの期待も、相手は全否定なしに聞いてくれやすくなります。

もうひとつ。**「ぜひ、聞かせてほしいな」と、相手からの期待に耳を傾ける姿勢を示す**ことも、恋愛関係の相手との「期待のすり合わせ」をスムーズにしてくれます。

●デートでの期待のすり合わせは「チェックイン」「チェックアウト」で

デートで、お互いの期待を満足させるすり合わせを行うには、「チェックイン」と「チェックアウト」を意識するのがお勧めです。

今、「それ何？」って思いましたよね。実はこれ、元々はホテルなどの宿泊施設で使われる言葉ですが、私の専門分野である研修でも使われている、いわゆる「研修用語」です。研修の講師が、受講生に対して、研修の冒頭で、「今日の研修では、何が起きたらハッピーですか？」ということを確認するのが「チェックイン」。研修の終了後に、「今日の研修でどんな気持ちになりましたか？」などと確認するのが「チェックアウト」となります。

これは、集団研修において、講師が受講者の満足度を上げるために、必ず行うと言っても過言ではないくらいノーマルな手法です。

私が勧めるのは、この手法をデートに活用すること。

まず、デートのはじめに「今日はどんな気分で過ごせたらハッピー？」なんて、相手の期待をさりげなく聞いてみる。すると、「とにかく気分をアゲたい」とか「昨日の仕事で疲れているから静かなところで癒されたい」とか、その日の相手の期待がわかります。

そして**デートの最後に、「今日はどんな一日だった？ 感じたこと教えてほしいな」**なんて聞いてみるのです。これは、その日の夜のメールで聞いてもよいと思います。こうすることで、期待に応えられたかどうかのレビューもできて、次のデートの参考にもなります。

●期待を確認しないのも選択肢のひとつと考える

恋愛関係の2人の場合、お互いが好意を寄せているから共に時間を使うわけですよね。こういった**相思相愛な状況ならではのテクニックが、「あえて期待を確認しない」という方法**です。

少し話がそれますが、メトロノーム同期実験をご存じでしょうか？

簡単に説明します。

ここに特殊な台を用意します。その台は、四方に結ばれた紐でつるされていて、宙ぶらりんな状態になっています。

そこに同じ位置におもりを合わせた2つのメトロノームを置き、針を動かすと、最初は異なるリズムで動いていたメトロノームが時間と共にリズムを同期させていき、最終的に同じ動きをするようになる、という現象を観察する物理学実験です。

ぜひ、動画検索をして探してみてほしいのですが、メトロノームが共有する土台や振動を通じてエネルギーを伝え合い、最終的に同調することで起きる、とても不思議な現象です。

さて、**恋愛中の2人の場合、こんな形で共通の時間を過ごすことで、相手との波長が徐々にあってくる、といった効果が期待できる**と思っています。

「好きだからもっと一緒にいたい」という期待のメトロノームをあなたが動かせば、共に時間を過ごす相手も少しずつそれに同期して、「私も好きだからもっと一緒にいたい」と感じるようになる。

逆に、「本当に好きでいてくれている？」という不安な感情のメトロノームを動かせば、相手も次第に「本当に好きでいてくれているのだろうか？」という不安な感情を同調させると考えています。

多少楽観的ではありますが、「根拠もなく好き」な気持ちをあなたが持ち続けていくことで、相手の心も次第に同調してくるのではないでしょうか。

メトロノーム現象以外に全く根拠のない私の持論ですが、**好きな相手といるときは、ぜひご機嫌なあなたでいてくださいね。**

あ、ひとつ、これは言っちゃダメ、という言葉をお伝えしておくと、

「私のこと、全然好きって言ってくれないよね」

という言葉です。

相手には相手の都合やタイミングがあることを、是非お忘れなく。

期待をかけていることを効果的に伝える方法

ここまで、関係別に期待をすり合わせるための会話のヒントをお伝えしてきましたが、相手へ自分が期待していることを一番効果的に伝える方法をまとめたいと思います。これは、言い換えれば**「いかに、相手の心の負担にならないように期待を伝えるか？」**ということです。

例えば、何か仕事を頼みたい場合、相手に「自分の期待」を伝えるとき、どんな伝え方をすればよいでしょうか？

「大いに期待しているから、頑張ってくれたまえ」

そんな昭和な伝え方は、相手のプレッシャーになってしまいかねません。

ではどう伝えれば、プレッシャーを与えず、相手のやる気を刺激できるか？

私がよく使うのは、次のような言い方です。

「○○してくれたら嬉しいんだけど、どうかな」

「○○で困っているんだけど、助けてくれないかな？」


もちろん断ってくれてもいい……と、**「やるかどうかの選択肢はそちらにある」というニュアンスで伝える**のがひとつのポイントです。


この言い方は、少しアレンジすればビジネスでも使えます。

「この仕事、ぜひ受けてくれたら助かるんだけれど、力を貸してくれないかな？」

こんなふうに上司に言われたら、誰だって嬉しいのではないでしょうか。

依頼された仕事が自分の得意分野なら、なおさら嬉しいですよね。

それともうひとつ。大切なことがあります。

相手に不安を与えないように期待を伝えるときは、笑顔で伝えましょう。

それこそ、選挙中の立候補者になったつもりで、「ぜひ、お願いしたい」と、満面の笑顔で期待を伝えてみてください。

期待を裏切られたときの対処法

たとえ、しっかりと「期待のすり合わせ」をしても、それが叶うとは限りません。ついつい期待をして、それが裏切られてしまったときの具体的な対処法について、ケースバイケースでお伝えしたいと思います。

●相手の成長を願っての期待が裏切られたとき

もしも子どもや部下など、相手の成長を願って期待をしていて、それが裏切られてしまったときにどう対処するか。

私はそんなとき、**とりあえず笑う**ことを推奨しています。

例えば、少しハードルが高い仕事を任せていた部下から、「すみません、できませんでした」と報告を受けたとき。

「予算も時間もかけているのに、できなかったじゃ済まないないだろ！」と、深刻な顔で回答すると、部下も落ち込んでしまいます。そこで、内心の「できませんでしたじゃないだろ！」という思いをグッとこらえて、こんな回答をしたらどうでしょう。

「そうか〜、期待していたけど、やっぱりまだ荷が重かったかな、あはは」

とりあえず笑って、余裕を見せる。

ここでのワンポイントレッスンがあるとしたら、この**とりあえず笑うときのセリフは「あはは」にする**ことをお勧めします。「ふふふ」は不気味、「ははは」は小馬鹿にしている感じが出ますので、あまりお勧めできません（という調査を地道に15年続けてきた私独自の分析結果です）。

「あはは」と笑うと、相手も思わず釣られて笑みを浮かべてしまう。

それはどんなに深刻な話題であっても同じで、場の雰囲気が悪い時は、とりあえず「あはは」と笑えば、場の雰囲気が軽くなると覚えておいてください。

そんな「あはは」緩衝材を入れてから、相手の事情を聞いてみると、柔らかい会話の展開が作れると思います。

強く自分に言い聞かせたいことは、なるべく愉快になること。
自分の感情がネガティブな時ほど、意識したいことのひとつです。

●前例があったのにうまくいかず、期待が裏切られたとき

例えば、外部の会社に広告デザインを依頼したとき。前回はいい仕事をしてくれたから、今回も期待していたら、全然期待外れのアウトプットが返ってきたようなとき、どうすればよいか。

対処法としては、「前回のことは忘れる」「前回はたまたま、ラッキーでうまくいったと思う」などでしょうか。「前回はまぐれで、今回は相手の実力がわかった」くらいに思えば、腹も立ちません（よね？）。

私は、「前回の実績がゼロになってやり直し」というとき、よく「スーパーマリオブラザーズ」などのゲームにたとえます。「せっかく、ここまでクリアしていたのに、最初の画面からやり直しなのね。でも、ゲームはそこが面白いんだよな」と思えば落ち込まないですむのです。

●対価を支払ったのに裏切られたとき

高級な旅館に宿泊したのに、満足のいくサービスを受けられなかったとか、高い広告費を支払ったのに、全く効果がなかったときなど、対価を支払ったのに期待を裏切られた場合、どう対処するか。

そんなときは、**「高い授業料だった」「いい経験になった」**などと思うことです。

私の知人は、信じていた人に裏切られて、なんと3300万円もだまし取られてしまったことがあります。相手が行方不明になって連絡が取れなくなってから、かなり落ち込んだもののわずか6日で立ち直ったとのことで、どう考えて気持ちを切り替えたのか聞いてみました。すると、こんな回答が返ってきました。

「まず、他責にせず、『期待して相手を信じたのは自分』だという事実から目をそらさないようにしました。他人を信じやすいという自分の欠点を知る学びの機会にもなりましたし、何よりも命があって良かったと。それに、この経験も、時間が経てば面白い話のネタになるなと思うことにしました」

他責にせず、経験値のひとつとして、学びやネタにしてしまう。**私たちの幸福感は目の前にある事実ではなく、それをどう解釈するかにある。**そんなことを学んだ会話でした。

●相手を信じて、ゆだねたのに裏切られたとき

これは、部下を信じてお得意さまの売上拡大を任せたのに裏切られた、というような場合ですね。この場合も、**「信じて勝手に任せたのは自分」という事実から目をそらさない**こと。やはり「自分の判断で任せた」ところに原因があると考えましょう。

期待しすぎた自分を癒すセルフケア

この章では、さまざまな事例から会話法を学んできました。

そして、最後に辿り着くのは、やっぱりセルフケアの話。

人との対話の後には、自分の状態を良くすることを習慣にすることが大切です。

自己啓発の本などでは、「駄目だった結果についてウダウダ考えるのはやめて、すぐにスッパリ忘れて気分を切り替えよう」なんて書かれていたりします。

でも、私はその意見には反対です。もちろん、気持ちを切り替えること自体はいいことだと思います。

だけど、そんなに都合よく気持ちを切り替えられるのかな？　そんなわけないよな。

というのが実際のところで、その対処法が書かれていないことが多いなと思っています（ので、私が書きます）。

「事実から目をそむけてすぐに忘れ、無理やりに気分を切り替えるだけ」という手法は、強制的に気分を変えて前に進むためには有効な手段です。しかし、それでは、自分の感情を封じただけで、実際には何も解決していません。
そんなとき私は、**結果について負の感情が沸き上がってきたら、それを無視せず、「その感情について徹底的に考え続ける」**ことをお勧めしています。

がっかりしている自分の思考にストップをかけず、むしろ、**マイナスの感情を深掘りしていく**のです。

そうやってマイナス感情を深掘りして追いかけていくと、「そもそもどうして自分は期待してしまったのか？」という根本的な部分にまで思考が深まっていき、感情が整理され、「そうか、こういう理由で今回は期待が叶わなかったのか！」と合点がいき、霧が晴れたようにがっかりがゼロになるところにたどり着きます。

目をそむけて「なかったこと」にするのではなく、「がっかりゼロ」にたどり着くまで、マイナス感情を深く追いかけてほしいのです。

ちなみに、私はこれを「内省のしっぽをつかむ活動」とか「ゼロがゼロを生む活動」なんて表現しています。

もちろん、なかには、そこまでたどり着くのが一瞬でできてしまうツワモノもおられるでしょう。そういう方は、本当の意味で「気分の切り替え」ができる方ということです。

また、「知らず知らずに膨らみ過ぎた大きな期待」が叶わなくてがっかりしたとき、「ゼロに戻るのに、いったい自分はどれくらいかかるのか？」を知っておくと、とてもいいと思います。

ひとつ前の項で、「大金をだまし取られた知人が、6日で立ち直った」というお話をしましたね。

あれは、知人がしっかりと「自分は相手を信じて大金を失ってしまった」という事実に目を向けて、マイナスの感情を掘り下げて「ゼロがゼロを生む活動」をした結果、ゼロに戻るためのリカバリータイムが6日だったということです。

知人は「事実から目をそむけて、すぐに忘れる」というリカバリー方法を取らなかったおかげで、今ではそれを笑い話として話すことができているというわけです。


この「ゼロがゼロを生む活動」の効果的なやり方は、人それぞれです。

ちなみに私も、かつては1人でディズニーランドに行って、ベンチに座って、行きかう人たちをぼーっと眺めながら「ゼロがゼロを生む活動」をしていたことがありました。全く知らない家族が団らんしている姿を見ながら、自分のマイナス感情を深掘りしていると、「あっ、戻ってきた戻ってきた、ゼロに近づいてきた。なんか、もう大丈夫かも」なんて思うことができたものです。

大きくなり過ぎた期待が叶わず、マイナス感情と向き合い「ゼロがゼロを生む活動」をするとき、自分はどんな環境に身を置くのが性に合っているか。

一人旅など、自分に合った方法を見つけてみてください。

セルフケアでは「手放すイメージ」が大切

期待外れなど負の感情としっかり向き合う時間を取ると、「怒り」や「憎しみ」、「後悔」や「悲しみ」など、さまざまな感情が心の中に浮かんでは消え、また浮かんでは消えるという状態になると思います。

少し専門的に解説すると、「感情は浮かんでは消える」。そして、「ずっと続く感情はない」という考え方です。その感情の特性を利用して、感情の変化を静かに見つめる練習をすることが、いわゆる瞑想だったり、内省だったりします。

期待外れな状況が発生した時に、私たちは「怒り」「イライラ」「不安」「焦り」などさまざまな感情を経験しています。そして、その感情はあなたが能動的に止めない限り増殖し続けます（これを執着と呼んでいます）。

ここにストップをかけることができるのは、あなた自身のセルフトークだけです。

ぜひ、こんな言葉を自分にかけてみてください。

「もし、友だちや部下が今のあなたの状態になって悩んでいるとしたら、なんと声をかけますか？」

そうたずねると、多くの方が「**『そんなこともあるから気にするな』**って言いますかね」と答えてくれます。これを自分にかけてあげるといいのです。

少し客観的に物事を見るためにこんなセルフトークが有効ですので、活用してみてください。

もうひとつ別の方法もお伝えします。

負の感情に対するセルフケアのわかりやすいイメージは、沸き上がってきた感情を手に取って、それをクシャクシャと丸めてしまい、ポイとゴミ箱に捨てるイメージでしょうか。

セルフケアでは、感情を手放すということが大切です。

目をそむけるのではなく、また、感情に支配されるのでもなく、しっかりと手に取って冷静に眺めて、「自分はこう感じたんだな」「期待どおりにならなかった理由はこれだな」と、しっかり明確にしてから手放す（リリースする）。

これは頭の中でイメージするだけでも有効ですが、もし誰もいない環境が確保できるなら、**実際に紙に感情を書いて、それをクシャクシャに丸めて、ゴミ箱に投げ入れる、ということをやっていただくと、効果が高まります**ので、やってみてください。

後悔や不安など、「負の感情」は、あなたが持ち続ける限り消えることはありません。執着せず、どんどん手放しましょう。

そして、**負の感情をリリースしたら、自分を信じて再挑戦**です。

人への過剰な期待は相手に迷惑。でも、自分への期待なら、それこそ、「この夢は、まだ叶っていないだけ」なんて、言霊《ことだま》がパワーに変わります。

さて、続く最終章では、「期待を使った、よりいい人間関係の作り方」についてお話をいたします。

CHAPTER 4 まとめ

- 「期待に依存するタイプの人」には口ぐせがある。
- 期待をすり合わせるための交渉術
  職場では「期待が伝わったかしっかり確認する」「指示と任せる部分を明確にする」
  夫婦では「未来志向で考える」「普段から、小さな期待のすり合わせを積み重ねる」
  恋愛では「相手の期待を否定しない」「チェックインとチェックアウトを重視」
- 期待を裏切られたときは「とりあえず笑う」「他責にしない」。
- 自分に期待しすぎて失敗したときは、結果から目をそらさず、マイナス感情を深掘りする。負の感情を手放すことができたら、再びチャレンジする。

CHAPTER 5

期待を使った、よりいい人間関係のつくりかた

いろいろ試しても期待通りにならず、
相手にモヤモヤ・イライラすることは
起きてしまうもの。そんなときこそ
チャンスと思って、どう関係をつくっていくか
考えてみましょう。また、人からの期待を
重荷にせず、力に変える方法もお教えします。

期待外れは関係づくりのスタートライン！

こちらが期待し、相手との「期待のすり合わせ」もやって、「よし、お互いの期待が一致したね。それじゃ、私たちの共通の未来に向けてやっていこう！」となったにもかかわらず、相手にその期待にうまく応えてもらえなかったとき。

私は、こんなときこそ、相手とのよりいい人間関係づくりのスタートラインになると思っています。たしかに、「期待どおりうまくいく」ほうがいいかもしれません。

しかし、こと「人間関係」という観点で見ると、**「期待どおりにならなかった」ときのほうが、人間関係構築のチャンス**になるのです。

例えば、会社の上司と部下の共通の期待が「売上ノルマの達成」だとしたら、たとえ、お互いに話し合って決めた売上ノルマの数字が未達に終わったとしても、当然、部下と上司の関係は終わりにはなりません。

それこそ、余裕でノルマを達成した部下よりも、残念ながら目標未達に終わってしまった部下とのほうが、より親密に「次の期には、どんな売上ノルマを設定（期待）し、どうサポートすればそれを達成させることができるか？」と、お互いの未来に向けて、より一層、期待のすり合わせを行うのではないでしょうか。

ほかの例で言えば、本の著者と編集者の関係を挙げてみます。

ビジネス本の編集者があるテーマを思いつき、「このテーマで書いてもらうなら、あの作家が最適だ！」と期待して、執筆依頼をしたような場合。

著者から原稿があがってきたとき、編集者は自分が期待していたものと異なっていたら、原稿の書き直しを依頼します。

そうやって、お互いの期待が叶う本の完成を目指し、やり取りを重ねることで、著者と編集者の関係はいつの間にか強いものになるのです。

プロのコーチが、最初のコーチングで行っていること

プロのコーチである私のところに相談にやってくるお客さまは、まさに、「期待が裏切られている」という状態の方たちが大半です（何も問題がなければ、コーチを頼ったりしませんから）。

「私がいくらハッパをかけても、部下が応えてくれないんです。どうしたらいいんでしょう？」

というような悩みを抱えた方たちばかり。

言い換えれば、「相手との関係構築の入口に立った人たち」が相談にくるのです。

そんな、悩みを抱えたお客さまに対して、プロのコーチは最初に何をやるのか？

具体的には、コーチングは次のような進め方をします。

何が問題になっているのかを言語化していただくための「場づくり」を丁寧にする。

↓

話を聞いて、「相手が問題だと思っていることは何か」という前提と、「向かいたいと思っている行き先はどこか」という方向性を確認する。

↓

「その問題について、コーチである自分はこういうふうに関わろうと思っているのだけれど、あなたは私にどのように関わってほしいと思っていますか？」という、期待のすり合わせを行う。そして、お互いの役割分担をはっきりさせる。

この段取りは、何もコーチだけのノウハウではありません。

上司が期待外れの結果に終わってしまった部下に対して、そのまま応用できるノウハウです。

期待による人間関係づくりでは、「TTOK」が大切

「プロのコーチがコーチングの最初にやること」を、悩める上司の例に当てはめるなら、進め方は、こんな感じでしょうか。

●会社からの期待に反して、目標が未達だった社員に対して、話を聞く場を設ける。

「ちょっと、今後について話そうか」などと声をかけて、課題について会話をする場を設ける。

←

●こちらの考えを伝え、それについての考えを聞き出す。

「会社としては、今回の結果について、期待どおりではなかったと思っているのだけれど、自分ではどうかな？」と、会社側の考えを伝え、相手の考えを話してもらう。

←

●期待のすり合わせを行う。

次回はどうすれば目標達成できそうかを聞き、こちらからの期待との合意点を確認するという、「期待のすり合わせ」をする。そして、自分はどうサポートできるかについても確認する。

いかがですか？　期待外れな結果に終わってしまった相手との再スタートを切れそうでしょうか？

この「相手の考えを聞く」というステップでぜひ鉄則として意識してほしいことを、私は勝手に「ＴＴＯＫ」と名づけています。何という言葉の頭文字かというと……。

「テッテイテキにお聞きする」

えっ？　全然頭文字になっていないですって？

いいんです。印象に残るようにこうお伝えしています。

「ＴＴＯＫが相手とのよりいい関係をつくる」と覚えておいていただければ幸いです。

関係構築は、「まず聞くこと」から

私が勝手に名づけている、相手とのよりいい関係の構築のための鉄則、「ＴＴＯＫ」について、もう少し補足します。

私は**コーチの基本姿勢は「聞き役に徹すること」**だと考えています。

これ、まだ経験が浅くて、やる気だけは満々のコーチだと、つい、自分がお客さまよりもしゃべり過ぎてしまったり、相手が口にしたひとつの言葉に飛びついてしまったり、相手が考える前に簡単に解決策を授けたりしてしまいます。

自分は極力しゃべらず、聞き役に回るのがプロのコーチの基本なのに、それがなかなかできないのです。

プロのコーチだけでなく、最近のリーダーの仕事でも「聞き役に回る」スキルは重要だとされているのですが、聞き役に徹するというのは、簡単そうで実はなかなか難しい。

ですから、**つい自分が話してしまう方は、相手が話を始めたら、頭の中でしっかりと、「聞き役に徹する、聞き役に徹する」と唱えて意識してください。**

「これからあのプロジェクトの話をしようと思っているんだけど、まず思っていることを聞かせて」

話のテーマを伝えたら、そう水を向けて、まず、相手に話してもらいましょう。こちらの考えを先に伝えてしまうと、相手の回答を誘導してしまいます。ヘタすると、本心をかくされたまま、「私もそう思っていたんですよ」で終わってしまいかねません。

ですから、**相手の本心を聞きたければ、フラットな状態で、相手から話してもらうのが大原則**だということを忘れないでください。

中立の相槌を意識する

相手の言葉を「TTOK」しているとき。

相手に自分の考えと同じことを言われると、つい「私もそう思っていた」と、自分の言葉をかぶせてしまいがちです。

この「同意の相槌」は、共感しているようで一見、いいことのように思えます。

しかし、実は「相手の言葉に乗っける同意の相槌」は、相手が、こちらが何を考えているのかを探りながら話をするようになってしまい、その人が本音を話しているときには、とても邪魔になる存在なのです。

ましてや、「私はそう思わないな」なんて、「反対の相槌」を入れるなどは論外です。

ここで勘違いしないでほしいのは、相槌自体が悪いわけではありません。話しているのに相手がいっさい何の反応もなかったら、話しづらいですよね。
では、どうすればよいのかというと、**「中立の相槌」をする**のです。
具体的には、こんな感じ。

「そうなんだ。そんなことを考えていたんだね」

相手の言葉に同意できないときも、

「そういう考え方もあるよね」
「それは意外と新しいね」

こんな、否定でも肯定でもない「中立の相槌」は、相手の話の邪魔になりません。相手は話しやすくなって、より多くの情報を出してくれるようになります。そして、相手の情報は多ければ多いほど、相手の期待をつかむ手がかりとなるのです。

相手が話しやすくなる合いの手の言葉

東京、銀座にあるクラブに通うことが粋な嗜《たしな》みとされた昭和の時代は過去のものになりつつあるようですが、当時のホステスさんの間では、お客さまに気持ちよくしゃべってもらうための「会話の基本となる、合いの手の『さしすせそ』」が存在したそうです。それは、

「さ」＝「さすがですね」
「し」＝「知らなかったです」
「す」＝「すてきです」「すごいです」「すばらしいです」
「せ」＝「センスがいいですね」
「そ」＝「そうなんですね」

ビジネスで期待のすり合わせをするような場面では、何も相手にゴマをする必要はありませんから、あえてこの「さしすせそ」を使わなくてもいいでしょう。とはいえ、相手がより話しやすくなる合いの手は使ってもバチはあたりませんので、いくつか挙げてみましょう。

「もう少し詳しく」

「ほかにもある？」

「というと？」

「だとしたら？」

「それから、それから？（それで、それで？）」

こんな合いの手を入れると、相手は、「あっ、自分の話に興味を持ってくれている」と感じて、自然と話がフルストーリーになって深まります。そして、話しながら頭が整理されたり、新たな考えが浮かんできたりもします。何より、そんな聞き方をしてくれるあなたに自然といいイメージを持ってくれるでしょう。

「それ知ってる」は禁句

相手が話しやすくなる合いの手とは逆に、同意の相槌のように相手が話す気をなくしてしまう言葉もあります。それは、つい、悪気なしに口にしてしまう言葉なので要注意。

代表例は次の言葉です。

「それ、知ってる」
「わかるわかる」

長年、コーチをやっていると、お客さまが抱える悩みのほとんどは、実は話を聞き始めた段階で「あっ、あのパターンね」とわかるものです。

しかし、だからと言って、「あー、そのパターンですね。わかります」は禁句。

そう言われた途端、お客さまは、「事情も知らないあなたに、何がわかるのか？」と、話す気持ちがなくなってしまうからです。

相手の話を聞くときは、とにかく相手に最後までしゃべり切ってもらうことが大切。相手がすべて話し終えて満足したところで「言い足りないことはもうない？　私が話してもいいかな？」と許可をもらってから話す。それくらいが実はちょうどよいのです。

私たちは長年人間をやっているわけですから、人とどんな話をしたら、どんな結論が出るのかという経験値はかなり高いですよね。

ですので、例えば相手が、「先日任せていただいた仕事について相談があるのですが」と言えば、「あ、これは何か問題があるってことだな」と勘付くでしょう。

そんなとき、「もしかして、問題発生？　ちょっとこのタイミングで？　勘弁してよ！」と先回りして答えてしまえば、相手は言葉を封じられたように感じます。

ぜひ、相手の言い分から先に聞いてみてください。そこに相手なりの事情や、伝えたい気持ちがあるはずです。話す気を失わないよう、会話の余白を作ってあげることが愛情です。

相手のメッセージは完全に理解できたと感じていても、それを伝える前に相手の言葉を受け取る。そして、そのあとであなたの考えを伝えるという順番で話をすると、より穏やかな会話運びになり、関係も深まるでしょう。

会話はポジティブに終わらせる

これは私がギターの先生から聞いた音楽の作り方の考え方なのですが、Cというコード（ドレミファの音階だと「ドミソ」の和音のこと）で始まる楽曲の最後は「Cコード」で終わると、聞いている側が「終わった」と強く感じるそうです。

なるほど！　楽曲を作る時には、「終わらせるための流儀」があるということなんだと感動したのを覚えています。

これ、相手と「期待のすり合わせ」をしているときも同じです。

そして、**「期待のすり合わせ」をする会話の時の「終わらせる流儀」は、ポジティブな空気を作ること**です。

例えば、こんな言葉で会話を締めくくってみるのはどうでしょうか？

「今日は、いい話ができたね」
「今日は、有意義な会話ができてよかったよ」

こういった**ポジティブな空気を作って終わるための言葉を、私は「おわりの言葉」と呼んでいます。**

言われた相手は、「あっ、今日の会話って、有意義だったんだ。確かにそうだな」とポジティブに会話を振り返る方向に向かいます。

人との会話において、私たちが意識すべきは最初と最後。特に終わり方が強く印象に残ります（そこしか覚えていないと言っても過言ではないくらい）。

ですから、スピーチやプレゼンテーションでも、最初と最後の部分を最大に重視します。この理論を利用して、**最後を「いい印象」で終えることで、全体の会話の印象をいいイメージに変えてしまう**というわけです。

人は会話の終わり方に強い印象をもつ、という特性を活用して、あなたが「この会話ができてよかった！」と締めくくることで、「期待のすり合わせ」をしてよかったと双方が思える会話づくりをしてみてください。

時にはハードランディングな会話を楽しむ

私が少し遠方で講演をさせていただく時に利用するのが飛行機です。

お気に入りの飛行機の楽しみは、「今日はスムーズに着地するのかな？　それとも、ドスンと衝撃を伴って着陸するのかな？」と着陸を観察すること。

聞いたところによると、飛行機が着陸時にあえて衝撃を与えるのは、主に安全性のためなんだそうです。特に滑走路が濡れている場合、タイヤが滑らないように強めに接地することで、摩擦を確保し、滑走路でのブレーキ効果を高めるのだといいます。

つまり、操縦士の腕前の差ではなくて、理由があって敢えて衝撃を与えるような着陸方法を選んでいる、ということです。

「期待をすり合わせる会話」でも、私たちはスムーズな着地を求めて、「なんとなく、全部言わなくても、伝わってるよね」といった方向に向かいがちですが、それでは、真の人間関係は築けないのかもしれません。時に、ドスンと着地するようなハードランディングも必要になってくるような気がします。

「ちょっとここに関しては、申し訳ないけれど、こちらからすると思っていたものとは違う気がするんだよね」

と、はっきりと意見を伝えてみる。

相手はきっと気まずい思いをしたり、怒ったりするかもしれませんが、それでもあなたの意思を伝えることは大切です。

ときには、勇気を持ってそんなハードランディングも試してみてください。その後は、こんな言葉を使って衝撃を和らげてみましょう。

「私の伝え方もまずかったのかもしれないけど……」

そして、「いい結果につなげていきたいので伝えたのだけれど」であったり、「この課題に対して、お互いがハッピーに終えられるように伝えるんだけど」など、「あえてはっきり伝えた理由」をつけ加えると、相手もさらに納得してくれるでしょう。

ちなみに我が家では、「親子で仲良くやっていきたいと思っているから伝えるんだけど」と、子どもと親が真剣に期待のすり合わせをすることがよくあります。

ながらで期待はすり合わない

複数の作業を同時にやることを「マルチタスク」と呼びます。

スマホなどのデジタルデバイスが欠かせない現代の生活では、食事をとっている間も、カフェでのんびりしている間も、誰かと話している時でさえ、スマホを手から離すことが困難な時代に生きています。

しかし、相手が期待について語り始めた時には、マルチタスクは要注意です。スマホをカバンにしまうなど、ついついやりがちなマルチタスクを能動的に封印すると、期待をすり合わせる会話は飛躍的に上手く運びやすくなります。

私たちは、人と話をする時、意外に相手の表情や仕草などを観察していて、その仕草から、相手の興味度合いや感情などを推測しています。

相手とよりいい関係になりたいのなら、話をするときは、スマホやパソコンから目を離し、笑顔や優しい眼差しで、相手のことを見て話をしましょう。

「いや、でも仕事で画面から目を離せないときもありますよね」

確かにそんな状況もあり得ますね。私も本の原稿を書いているときなどに、誰かに話しかけられてもすぐには手を止められません。

そんなときは、話しかけてきた相手に、こう言ってください。

「キリのいいところまでやりたいから、ちょっと待ってね」

こう提案すると相手も快く待っていてくれたりします。

逆に、自分から話しかけるときは、相手が話を聞きやすい時間帯やタイミングかどうかを見極めて話しかけるようにしましょう。

大切な話をじっくりとしたいのなら、「ちょっと話しませんか？」と、場を変えるのがお勧め。ランチのタイミングか、それも難しければ、休憩スペースや、空いている会議室などへ誘って移動すれば、落ち着いて話ができます。これも、相手が話をしやすそうな場所はどこなのかを知っておくといいと思います。ちなみに私は、コーチング中に近くの公園をお客さまと散歩しながら会話することもあります。

期待してもらえる喜びを力に変えよう

競泳選手の池江璃花子さんのことはご存じでしょうか。
池江選手は２０１８年のアジア大会で６つの金メダルを獲得し、一気に世界的な注目を浴びる存在となりました。しかし、２０１９年に白血病と診断され、一時的に競技から離れざるを得なくなります。それにもかかわらず、池江選手は復帰を目指し、２０２１年の日本選手権で見事に計４種目優勝し、東京オリンピックのリレー代表に選出されるまでの劇的なカムバックを果たしました。彼女の復帰は、日本中のファンやメディアからの大きな期待に応える形となり、池江選手自身もその期待を「支え」や「力」として捉え、再び世界の舞台で活躍する姿を見せてくれました。

きっと皆さんにも、「期待に応える喜び」を感じる瞬間は大なり小なりあるのではないでしょうか。そんなとき、私たちはまっすぐに「期待してもらえる喜び」を感じることができるでしょうか？　あるいは、それをプレッシャーに感じて、「どうして、こんな期待をかけてくるの？」といった心理状態に陥ってしまうでしょうか？

本来、自分に期待してもらえることは、喜び溢れることなのに、まるで、逆恨みのような心理状態になってしまう。それでは、期待してくれた相手との、人間関係の構築にもつながりません。

期待してもらえる喜びを感じ、自分の力に変えるには、自分のマインドを変化させることが必要です。

これは私が様々な方にコーチングを通じて関わってきた経験からの見立てですが、アスリートやタレント、ビジネスリーダーでも、ファンや支援者からの期待を、自分のパワーに変えられる人は成功しやすいと分析しています。

いまは、オリンピックの代表選手でさえ、「自分のためにオリンピックを楽しむ」という風潮が主流です。そして、そういう考え方の選手のほうが、プレッシャーにつぶされず、あっさりとメダルを取ることが多いように思います。

人からの期待は重荷に感じるものではなく、有り難く受け入れ、うまく利用して、自分が目指す未来を手に入れるためのパワーに変えてしまいましょう。


相手からの期待は、背負うものに非ず。

電気やガソリン、栄養ドリンクみたいなエネルギーのようなもの。

期待に応えようと頑張ることは、たとえ結果につながらなくても無駄にはなりません。そういう考え方ができれば、自分に期待してくれる相手に対しては、「力を与えてくれてありがとう！」という感謝しかないはずです。

自分に期待し続けてくれる有り難い相手は、もしかしたら人生や仕事において、一生のパートナーになる可能性だってあります。

期待を使った、よりいい人間関係づくりの基本は、自分に期待してくれる相手への感謝から始まるのかもしれません。

さあ、自分への期待をパワーに変えて、失敗を恐れず自分にとっての期待値越えを目指しましょう！

CHAPTER 5 まとめ

- 期待外れになったときが、相手とのよりいい人間関係のスタートライン。
- 関係構築は、「まず聞くこと」からスタートする。
- 相手が話しやすくなる合いの手は「もう少し詳しく」「ほかにもある？」。
- 「それ、知ってる」「わかるわかる」はＮＧワード。
- 大切な会話で「ながら聞き」をしないこと。
- 相手からの期待はプレッシャーに感じるのではなく、感謝する。

おわりに

互いに期待し合い、応援し合う世界に！

最後まで読んでいただきありがとうございました。

あなたが大切な人との心理的距離感をより近づけ、仲良くなるための「期待とのつき合い方」、いかがでしたか？

本文でもお伝えしたように、誰にも期待せず、誰からも期待されない世の中なんて、寂しくてつまらないものだと思います。

問題なのは、「相手に期待し過ぎてしまうこと」。そして、「相手からの期待を重荷に感じてしまうこと」です。

もし、期待する側が「期待し過ぎず」、期待される側が「相手の期待に感謝する」ことができたら、気持ちよく「期待し合える関係」となり、期待はお互いのパフォーマンスを上げるという相乗効果を生み出してくれます。

私は本書で「期待の正体は願いである」とお伝えしました。

こうして「期待」について書き終えた今、**期待の本質には、もうひとつ、「相手への応援」がある**ことに気がつきました。

私たちは、相手へ期待することで、応援していたのです。

お互いが「期待し合い」「応援し合う」。そして、誰もが「自分の可能性にも期待する」。そんな世の中になれば、人間の可能性が爆発するような気がしています。

ぜひ、期待を使いこなすパイオニアになってください。


本書の扉に、シェークスピアの名言「期待はあらゆる苦悩の源である」という言葉があったのを覚えておられますか。

たしかにそれは一理あります。

しかし、本書を読み終え、期待との賢いつき合い方を知っていただいた今、あらためて次の言葉をあなたに贈って、本書の締めの言葉としたいと思います。


「期待はあらゆる創造の源である」

林 健太郎

林健太郎（はやし・けんたろう）

1973年、東京都生まれ。コーチ、リーダー育成家。合同会社ナンバーツー エグゼクティブ・コーチ。一般社団法人国際コーチ連盟（現・国際コーチング連盟）日本支部創設者。バンダイ、NTTコミュニケーションズなどに勤務後、エグゼクティブ・コーチングの草分け的存在であるアンソニー・クルカス氏との出会いを機に、プロコーチを目指してアメリカで経験を積む。帰国後、2010年にコーチとして独立。これまでに日本を代表する大手企業や外資系企業などで、２万人以上のリーダーを対象にコーチングやリーダーシップの指導を行う。独自開発した「コーチング忍者」研修は、（株）サザビーリーグ、（株）ワコールなどの企業に採用され、これまで500人以上のリーダーが受講している。『否定しない習慣』『子どもを否定しない習慣』（ともにフォレスト出版）など著書多数。オンラインサロン「否定しない会話の学校《ミラタネ》」を主宰。2024年12月には「～夢を諦めない子どもの育て方～林健太郎式 親子コーチングアカデミー」を開校。

デザイン　大橋千恵（Yoshi-des.）
イラスト　ビオレッティ・アレッサンドロ
編集協力　西沢泰生
校閲　くすのき舎
編集　築田まり絵

人間関係《にんげんかんけい》の悩《なや》みがなくなる
期待《きたい》しない習慣《しゅうかん》

2024年12月30日 第１刷発行

著　者　林健太郎
発行者　宇都宮健太朗
発行所　朝日新聞出版
〒104-8011 東京都中央区築地5-3-2
電話 03-5541-8814（編集）
03-5540-7793（販売）
印刷所　大日本印刷株式会社

Published in Japan by Asahi Shimbun Publications Inc.
ISBN 978-4-02-332384-1
定価はカバーに表示してあります。